Dehors les P'tits Lus

Monique Laborde
Anne Gintzburger

Dehors les P'tits Lus

Flammarion

ISBN : 2-08-068816-2

« La première condition du bonheur est que l'homme puisse trouver joie au travail. Il n'y a vraie joie dans le repos, le loisir, que si le travail joyeux le précède.

Le travail le plus pénible peut être accompagné de joie dès que le travailleur sait pouvoir goûter le fruit de sa peine. La malédiction commence avec l'exploitation de ce travail par un autrui mystérieux qui ne connaît du travailleur que son "rendement". »

André Gide, Journal[1]

1. Volume I, 1889-1939, Bibliothèque de la Pléiade, Gallimard, 1953.

À mes enfants Stéphane et Delphine
Et à Jean-Pierre, mon mari depuis trente ans...

Pour Alizée et Noémie.

Avant-propos

C'était un lundi matin de septembre, l'été touchait à sa fin.

Je l'ai vue arriver de loin et regardée traverser le boulevard. Elle marchait d'un bon pas, le sourire aux lèvres, un gros paquet dans les bras.

Nous nous sommes serré la main, la sienne était ferme, son regard droit. Assise en face de moi, un thé distraitement commandé, elle a immédiatement ouvert son gros sac plastique et posé sur la petite table de bistrot un énorme classeur jaune.

« Tout est là », m'a-t-elle juste dit, comme on déballe sa vie.

J'ai tout de suite senti combien, derrière la franchise de ce premier geste et la douceur de sa voix, cette femme était en colère.

Il y a un peu moins d'un an, Monique Laborde travaillait encore comme infirmière à l'usine LU d'Evry. Désormais chômeuse, elle veut faire entendre sa voix pour dénoncer le cynisme des patrons qui pratiquent les licenciements boursiers.

Déterminée à tout dire, pour la première fois.

J'avais pour ma part suivi avec intérêt ces dernières années le combat des P'tits Lus d'Evry. Leurs aventures malheureuses avaient fait, de longs mois durant, la une des journaux.

Et je me souvenais encore de cette odeur furtive de biscuit au bord de l'autoroute du Sud, lorsque, enfant, je partais en vacances...

L'histoire que vous allez lire est celle d'un compte à rebours, de l'annonce de la fermeture de l'usine en janvier 2001 au licenciement de ses salariés en juin 2004.

Trois années que l'infirmière Monique Laborde a soigneusement consignées, jour après jour, dans un journal intime baptisé « le journal des ex(c)-Lus ».

La première chose qui m'a frappée lors de notre première rencontre, c'est la violence des mots qu'elle a employés pour me raconter cette histoire. Elle désirait témoigner de « la lente agonie d'une usine » et de la reconversion de son infirmerie en « un véritable service de soins palliatifs ».

Je ne lui ai pas caché ma surprise et ma gêne devant l'emploi d'une expression aussi forte. N'était-ce pas excessif d'associer de manière si crue la fin du travail à un univers de souffrance extrême et de mort ?

Mais elle a insisté, puis devant mon air interrogateur, a poursuivi avec énergie, ajoutant des images et des prénoms à ses mots. Elle a commencé à m'énumérer la multiplication des crises de nerfs, la surconsommation d'antidépresseurs, les familles qui explosent, la peur de certains de ses collègues de ne pouvoir survivre à leur licenciement.

Sous le coup de ses révélations et de son récit bouleversant, je me suis sentie tout de suite captivée et très impatiente aussi d'en apprendre plus sur cette terrible aventure. J'en savais finalement si peu, tout au plus avais-je pu rassembler quelques articles, de courts reportages télévisés, des listes de chiffres, des communiqués de presse.

Alors j'ai souhaité reprendre en détail l'histoire officielle, celle qui avait été largement médiatisée mais manquait de chair et de mises en perspective. M'imprégner de cette « grande histoire » pour faire un pas de côté et raconter la « petite histoire ». Celle de quatre cents salariés et leurs familles brutalement confrontés à la perte de leur emploi, mais aussi aux dissimulations et à l'impudence de leurs dirigeants.

En septembre 2004, au moment où Monique Laborde s'inscrivait à l'ANPE, elle me confiait son petit journal, devenu depuis le fil de notre travail commun.

De notre rencontre est né son nouveau projet de vie : témoigner, écrire.

Décrire l'incompréhension des ouvriers devant

une décision de fermeture d'usine jugée arbitraire, la progressive perte de confiance en soi, le sentiment d'humiliation et d'abandon.

Examiner le lent processus de déstabilisation d'hommes et de femmes pris dans la tourmente d'une guerre économique qui les dépasse. Victimes des choix stratégiques financiers de leur patron, Danone, l'un des plus grands groupes français, jusque-là érigé en modèle d'entreprise « sociale ».

Pointer l'indifférence des politiques et, documents à l'appui, l'arrogance des employeurs.

Pour ne pas en rester là, et faire honneur aux employés qui consacrent toute leur vie à une usine, à un patron.

Pas un jour n'a passé depuis six mois sans qu'elle ne me parle d'eux, les ouvriers. Et surtout d'elles, les ouvrières.

À travers son récit, je me suis replongée dans un univers que j'avais découvert douze ans auparavant, en pénétrant pour la première fois de ma vie dans une usine. Je réalisais alors un reportage pour le magazine *Envoyé spécial* dans la région de Thionville.

Les restructurations dans la sidérurgie commençaient à se multiplier et je souhaitais relater la fin d'un monde, si symbolique à mes yeux du passage d'un siècle à l'autre. J'étais surtout frappée au cœur par la résistance si forte et si digne des ouvriers de Lorraine.

Eux se moquaient bien de passer à la télévision, mais ils ne voulaient pas partir sans laisser une trace.

Je me souviens comme si c'était hier de la justesse de leurs mots, de l'immense solidarité qui les unissait, du courage de leurs femmes. Je me souviens de mon intense émotion la première nuit dans le dernier haut fourneau d'Uckange.

Et aussi des lumières incandescentes dans la fournaise. Du reflet de la fonte en fusion sur les casques des hommes. De leurs yeux qui brillaient.

Comme eux, bien des années plus tard, Monique m'a donc confié l'amour du métier, l'attachement à l'usine, le sentiment de n'être plus rien sans le travail.

Mais, bien sûr, les temps changent, et il faut savoir s'adapter. À la conjoncture économique, à la concurrence, aux lois du marché.

Alors pour parler des P'tits Lus, et en préambule à chaque chapitre du récit de l'infirmière, j'ai replacé leur histoire dans le contexte politique et social de ces trois dernières années en France.

L'un et l'autre sont évidemment intimement liés.

Ensemble, Monique et moi avons donc rassemblé toutes les pièces du puzzle.

Par un glacial matin de décembre, elle m'a conduite aux portes de son usine. Puis, côte à côte, nous avons remonté le fil du temps.

Note des auteurs : les noms de certaines personnes ont été modifiés dans un souci de confidentialité.

Prologue

Pendant vingt ans, j'ai partagé le quotidien des salariés de l'usine LU de Ris-Orangis au service médical de l'entreprise.

J'ai vécu avec eux des éclats de rire, des joies, des drames.

Je n'imaginais pas qu'un jour de janvier 2001 un article paru dans *Le Monde*[1] briserait cette harmonie.

Cet article fut le grain de sable qui grippa la machine Danone, pourtant si bien huilée.

Dès lors, j'ai su que plus rien ne serait comme avant et que cet article allait radicalement changer la vie de centaines d'ouvriers, d'hommes et de femmes qui n'étaient en rien préparés à l'éventualité d'une perte d'emploi. Leur emploi.

Comme infirmière, c'est le vocabulaire médical qui le premier me vient à l'esprit pour éclairer ce témoignage.

---

1. *Le Monde*, 11 janvier 2001.

L'histoire d'une usine qui ne voulait pas mourir.

Le récit d'une entreprise condamnée par ses dirigeants en janvier 2001, débranchée sans l'accord de ses proches le 29 mars 2003, officiellement décédée le 30 juin 2004.

Aujourd'hui, une trentaine de personnes la veillent encore. Des délégués syndicaux, des salariés qui tous les jeudis se donnent rendez-vous en ses murs et échafaudent d'ultimes plans de sauvetage.

Je suis restée au chevet de cette usine jusqu'à sa fin, je l'ai accompagnée durant tous ses mois de doute, d'espoir, de lutte. Les antécédents de la victime ne justifiaient pas un tel pronostic et malgré les traitements mis en œuvre elle n'a pu survivre.

Cette usine ne voulait pas mourir, mais elle s'est pourtant éteinte comme tant d'autres, avec dignité, à l'âge de trente ans.

Loin de moi l'idée de me dresser en mère Teresa des ouvriers maltraités et des victimes des plans sociaux ; mais je souhaite que mon témoignage soit un cri, et qu'il résonne aux oreilles des chefs d'entreprise et de tous ceux qui un jour peut-être seront témoins ou victimes d'une telle situation.

Je parle en mon nom propre, je ne saurais être la porte-parole d'un quelconque courant politique ou syndical. Je veux me faire l'écho des souffrances et de l'indignation de salariés qui n'ont pas trouvé la force ou tout simplement l'occasion de s'exprimer.

À travers cette chronologie, je pose une question née d'une situation à laquelle je n'étais moi-même pas préparée. À l'école d'infirmière, jamais une telle hypothèse n'a d'ailleurs été abordée. Comment une société démocratique, qui prône la liberté pour tous, l'égalité des chances, la fraternité et le respect mutuel, peut-elle accepter que des ouvriers soient traités comme des produits de consommation que l'on jette lorsqu'on n'en veut plus ?

À travers cette [illegible] question
née d'une situation [illegible]
pas préparée [illegible]
telle [illegible] Europe.
Comment [illegible] la
liberté [illegible]
et le [illegible] des
[illegible] de
[illegible] votre
[illegible] ?

Première partie

Infirmière... de la santé au travail

Chapitre I

Une stupéfiante révélation

Avril 2004

La guérite est restée. Vide.

Plus une seule voiture sur le parking.

Plus d'odeur de biscuit. Plus de fumée s'échappant des fours.

Seul demeure l'immense bâtiment, au milieu de mille sept cents hectares déserts.

Ici, il est prévu de casser et de reconstruire. On parle d'un gigantesque centre commercial dédié à la décoration, à moins que ce ne soit à la mode. Haut de gamme, précise-t-on.

Avant, quatre cents personnes travaillaient ici. Dans la plus grande usine de biscuits du groupe Danone. Fière et moderne.

Elle avait assis sa réputation sur la fabrication des Chipster®, ou des Crakers®.

Les enfants la connaissaient surtout parce qu'elle sentait bon le Pépito® et les Petits Cœurs®.

C'était avant.

Voilà trente ans déjà que l'usine tournait, reconnue pour ses capacités à produire jusqu'à trente-cinq mille tonnes de biscuits par an. Une belle et imposante machine née dans les années soixante-dix du rêve d'un géant de l'agroalimentaire. L'américain Nabisco voulait alors s'emparer du grand marché européen. L'usine d'Evry fut son cheval de Troie, que les bâtisseurs conquérants imaginèrent ultramoderne et exemplaire. Avec l'embauche des femmes et des hommes de Belin, dont la réputation n'était plus à faire, c'est une véritable petite cité dans la ville qui sortit de terre, entre la nationale 104 et l'autoroute du Sud. Tout un univers, une microsociété soudée par une puissante culture d'entreprise et un attachement presque viscéral à l'outil de travail.

Plusieurs générations d'ouvriers se côtoyaient ici, des pères et leurs fils les mains dans la pâte, des mères et leurs filles à l'emballage. Et les collègues, les copains.

Presque une histoire de famille.

Tous faisaient la fierté de leur région, fabriquant nombre de variantes de petits gâteaux salés et sucrés.

À eux, les patrons successifs avaient toujours dit que leur savoir-faire était inégalable.

Que l'usine était l'un des fleurons du groupe.

Pas de raisons de s'inquiéter, à moins que...

Mardi 9 janvier 2001

8 h 30. Comme tous les matins au poste de garde à l'entrée de l'usine, les agents de sécurité me font un bref compte rendu des événements de la veille et de la nuit. Depuis des années, c'est le rituel ; ma journée débute invariablement par ce premier contact à travers la vitre baissée de ma voiture, qui me tient informée de la vie de l'usine, des pannes mécaniques, des accidents. Au fil du temps, les hommes de la sécurité, tous pompiers de métier, sont devenus de précieux collègues. Pendant mes horaires de travail, ils m'assistent en cas de pépin et ne manquent jamais une occasion de venir me faire un petit signe amical au service médical.

J'aime mon travail. En vingt ans, je n'ai pas le souvenir d'être venue un seul jour à reculons. J'ai la chance d'exercer un métier que j'ai librement choisi, et je fais de mon mieux. Un peu de tâches administratives, et beaucoup d'écoute des salariés, qui commencent à frapper à la porte du service dès mon arrivée.

Le début de semaine est souvent consacré aux bobos des sportifs du dimanche et aux blessures de l'âme des gens seuls le week-end.

En fin de matinée, je fais mon tour quotidien des ateliers de production, je rencontre les salariés sur leur poste, discute avec eux des conditions de travail, mais aussi de la pluie et du beau temps.

Aujourd'hui, on parle de la galette des rois organisée chaque année par la direction ; tout le monde se retrouve alors au restaurant d'entreprise, ouvriers et personnels du siège LU dont les bureaux jouxtent les bâtiments de l'usine.

Ce 9 janvier est une belle journée d'hiver, l'usine sent bon la pâtisserie chaude et les « pâteux » du deuxième s'activent aux galettes pour la fin de la semaine.

Nous sommes tous bien loin d'imaginer le coup de tonnerre du lendemain.

Mercredi 10 janvier

Effervescence au deuxième étage, tous les pâtissiers sont sur le pont, il faut terminer les galettes à temps.

À l'infirmerie, c'est le va-et-vient habituel.

Carine a besoin de médicaments pour une migraine et Roger passe contrôler sa tension comme tous les matins depuis des mois. Cela le rassure et il en profite pour me raconter les derniers potins. Aujourd'hui, il peste contre le manque de mécaniciens dans son service. Nadia arrive en larmes, son divorce n'est toujours pas prononcé. C'est toujours ici qu'elle vient s'épancher. Elle ne veut pas pleurer devant ses copines. J'écoute les uns et les autres avec intérêt et bienveillance. Et entre deux coupures à soigner, je veille à désamorcer les inévitables conflits entre collègues.

J'organise aussi les visites pour le médecin du travail qui vient à l'usine trois fois par semaine, puis je déjeune avec les copains, tous les midis à la même table depuis une quinzaine d'années. Règle adoptée par tous : ne jamais parler boulot durant les repas !

14 h 30, les téléphones et les fax sont saturés, il se passe quelque chose. Mon collègue Michel, responsable du magasin des pièces détachées de l'usine, m'appelle, et au ton de sa voix je devine que c'est grave ; je pense immédiatement à un accident dans l'usine.

« Monique, tu as entendu parler de l'article du *Monde* sur les fermetures d'usines de LU ? » Non, je n'ai entendu parler de rien... Michel me donne des détails : « C'est dans *Le Monde* de cet après-midi, un article intitulé : "Danone s'apprête à supprimer trois mille emplois en Europe, dont mille sept cents en France". Je t'apporte une photocopie. » Je suis abasourdie, c'est une plaisanterie de mauvais goût ?

Michel est là deux minutes plus tard, je ferme la porte de mon infirmerie, je ne veux pas que l'on soit dérangés.

Une collègue qu'il connaît bien, secrétaire au service comptabilité, vient de lui donner le document. Elle l'a récupéré sur Internet.

Mes yeux parcourent l'article à toute vitesse, je suis tellement nouée que je n'arrive pas à lire tranquillement et dans l'ordre les informations rapportées. Stop !

Je respire, je me cale au fond de mon siège et je reprends ma lecture par le début. Michel est assis en face de moi, de l'autre côté de mon bureau. Il ne dit plus un mot.

« Danone entend réorganiser sa branche biscuits en Europe... Un plan qui ne devait être communiqué aux syndicats et aux élus qu'après les élections municipales... Fermeture de dix usines dont sept en France... »

Dans cette note interne du groupe dont le journal fait mention, la restructuration porte même un nom : « Plan Record » !

Je n'en reviens pas.

Je poursuis ma lecture jusqu'à ce qu'un mot me saute aux yeux : « Evry ». Je relis plusieurs fois la phrase qui parle de nous. Le journaliste du *Monde* écrit ceci : « La direction sait que ces annonces seront très mal ressenties dans les villes touchées par les fermetures. Deux sites lui paraissent socialement encore plus "explosifs" que les autres : Calais et Evry. »

J'ai peur. D'un coup. Sans parvenir à mettre des mots sur cette peur. Michel et moi nous regardons. « Alors, Monique, qu'en penses-tu ? Tu y crois ? » À vrai dire, je n'en pense rien, là tout de suite. Je ne suis pas encore sûre de bien réaliser la portée de l'information et j'appréhende surtout la réaction des ouvriers. Une fois passé le choc de l'instant, je réponds à Michel que j'y crois, moi, à ce projet de fermeture et que ces informations sont forcément vraies.

Je lis *Le Monde* depuis longtemps, c'est un journal sérieux, pas de ces magazines à rechercher le sensationnel. Balancer une information pareille, sans l'avoir vérifiée, ce n'est pas possible.

Mais alors pourquoi, pourquoi ? À toutes les réunions d'encadrement, chaque mois, nos dirigeants nous répètent, chiffres à l'appui, que nous sommes compétitifs et rentables. Que l'usine est l'une des plus productives d'Europe, que les bénéfices sont en progression constante, que les Français aiment nos petits gâteaux. Pourquoi fermer ?

Dans ma tête, les questions se bousculent. Comment l'auteur de ce papier explosif, Frédéric Lemaître, a-t-il pris connaissance de cette note interne ? Que penser de la réponse du directeur général des ressources humaines de Danone, Jean-René Buisson, qui dément l'existence d'un tel plan mais reconnaît que « le taux d'utilisation des lignes est très faible et que les acquisitions faites ces dernières années par le groupe n'ont pas encore donné lieu à une véritable réorganisation », qu'il ne sait pas « s'il y aura des fermetures d'usines » mais qu'« il est clair qu'il y a trop de capacités ».

De l'autre côté de la porte du service médical, déjà, des bruits et des cris nous parviennent. Nous décidons, Michel et moi, de faire le tour des salles de pause. C'est en général là que les salariés se retrouvent lorsqu'il est question d'un événement ou d'un changement qui concerne l'usine.

Dans les couloirs, des gens s'affolent. « C'est pas possible... Pas Evry... Pas nous... » Les salles de pause n'ont plus assez de chaises pour tout le monde et autour des machines à café, chacun y va de son commentaire. Des dizaines de photocopies de l'article du *Monde* sont déjà empilées sur les tables basses et on se bouscule pour en récupérer un exemplaire.

En quelques minutes, l'usine s'arrête. Spontanément, sans aucune concertation entre les ouvriers.

Des salles de pause aux ateliers, je n'entends qu'une chose, répétée en boucle : « C'est pas possible que l'on ferme. » Contrairement à moi, ils n'arrivent pas à croire à la fermeture de leur usine. Pas une seconde ils ne l'envisagent.

Je les comprends. Les résultats sont si bons que les salariés touchent une importante participation aux bénéfices de l'entreprise, sous forme d'une prime, chaque année au mois d'avril. Une pareille nouvelle n'a donc jamais effleuré l'esprit d'aucun d'entre nous.

Partout autour de moi, les journalistes en prennent pour leur grade : « Ils racontent n'importe quoi ! »

Les gens se rassemblent en petits groupes et tentent de se rassurer : « Le patron ne peut pas nous faire ça ! » Le directeur du site, lui, reste pour l'heure invisible et nous n'avons pas plus de nouvelles du siège LU à Paris, malgré les tentatives des délégués du personnel pour joindre quelqu'un et obtenir des précisions. Pendant ce temps, les salariés se répètent, comme pour se convaincre, qu'il n'y a aucun chômage technique, que les chiffres du rendement sont bons, que des prévisions de tonnage ambitieuses, autour de vingt-cinq mille tonnes, leur ont été communiquées en début d'année par les dirigeants du groupe Danone.

Les syndicalistes continuent d'essayer d'interroger la direction. Après un silence radio, voilà enfin notre « dirlo » qui apparaît, l'air de tomber des nues : « Je suis comme vous, je ne peux rien vous dire. » Je crois que lui aussi est surpris d'apprendre dans un journal cette nouvelle nous concernant.

Ce directeur, tout le monde l'appelle par son prénom, R. Il est sympathique, respecté et aime le travail bien fait. Il me fait un peu penser à un chef scout « toujours prêt ! ». C'est un patron qui passe régulièrement dans les ateliers pour prendre le pouls des équipes et s'imprégner de l'humeur du moment. Une approche que les salariés apprécient et qui lui permet de bien connaître chacun. Il ne rate aucune occasion d'encourager les ouvriers et sait anticiper les situations qui risquent de devenir conflictuelles (une répétition de panne par exemple, qui finit par énerver un opérateur).

Peu après son apparition, il me rejoint à l'infirmerie. Sa visite ne me surprend pas, car il a pris l'habitude de s'enquérir régulièrement des états d'âme et de la santé de ses troupes. Mais en ce tout début d'après-midi, sa mine est défaite, je n'ai plus devant moi l'éternel optimiste : « Monique, je te demande ton soutien, reste avec les collègues, moi je vais appeler au siège. » Je le sens aussi perdu que nous.

Après avoir passé quelques coups de fil, le patron convoque le personnel d'encadrement, dont je fais partie, pour nous dire qu'il ne peut s'exprimer, qu'il est tenu à un devoir de réserve.

Il ne parle pas encore de plan social.

S'il en avait parlé, le risque du délit d'entrave aurait été pris.

Les employés atterrissent tous à l'infirmerie : « Qu'est-ce qu'on va devenir ? » Beaucoup sont en pleurs, secoués par des crises de nerfs ; ils déambulent, l'air de ne plus savoir où ils habitent.

Mais ceux qui me frappent le plus, ce sont ces hommes, des mécanos, des pâtissiers, assis, qui ne disent pas un mot.

Impressionnant, tous ces gens qui ne parlent pas, qui restent plantés là, sans réaction apparente.

Tout l'après-midi, le service médical est débordé, c'est un va-et-vient incessant. Alain, un mécanicien, entre dans mon bureau, il veut mon avis sur la fiabilité de l'annonce du *Monde*. Son angoisse est palpable. Après lui, en l'espace de quelques minutes, une dizaine de personnes remplissent la salle d'attente, vite transformée en forum de discussion. Au milieu d'eux, j'écoute, je tâche de ne pas trop laisser paraître ma propre inquiétude, j'encaisse. C'est irréel. Je n'ai absolument aucune réponse à apporter à toutes les questions qui me sont posées. Et le médecin qui est absent aujourd'hui !

La boîte de bonbons que je remplis chaque matin depuis vingt ans se vide en une heure.

Je crains que des gens ne se suicident dans l'usine, oui, ce premier jour je songe à cela. Car ce que je vois m'effraie. Des femmes en pleine crise d'hystérie et que rien ne calme. Des salariés qui errent le regard fixe, l'air déjà désespéré ; leurs collègues qui les cherchent, les appellent mais ne les trouvent pas.

J'ai peur que l'un d'entre eux ne monte sur le toit ou la terrasse de l'usine. Qu'il ne se jette dans le vide.

Je ne suis d'ailleurs pas la seule à nourrir ces noires pensées. Les hommes du service de sécurité que je viens de croiser m'ont prévenue qu'ils allaient vérifier si les portes d'accès aux terrasses étaient bien cadenassées.

Brutalement, je pense à ceux qui ne savent encore rien, l'équipe du soir qui prend son service à 14 heures. J'appréhende qu'ils apprennent la nouvelle à la radio en voiture. Auront-ils reçu le coup de fil d'un collègue ? Dans quel état d'esprit vont-ils arriver ? Des gars réputés dans l'usine pour être des durs, d'ardents défenseurs de *leurs* biscuits.

Je n'exagère pas en disant que ces personnes vivent pour *leur* usine, *leurs* machines, *leur* travail. Ce n'est pas qu'un travail, c'est presque toute leur vie. Que va-t-il advenir d'eux si cet univers-là s'écroule, tout d'un coup ?

Et moi, que vais-je devenir si je perds mon emploi ? Comment vais-je annoncer la nouvelle à mon mari, à mes enfants ce soir en rentrant chez moi ?

J'ai brusquement besoin de me retrouver seule, au calme dans mon infirmerie. Trop d'émotions, trop de questions, trop d'inquiétudes... TROP !

Un peu plus loin, les ateliers sont restés arrêtés, personne ne parle plus des galettes.

Il n'y a plus un bruit dans l'usine, plus rien. Silence de mort.

Ce silence me renvoie sans prévenir une dizaine d'années en arrière. À la mort de Jean-Pierre, dans la même usine, stoppée net. Ce 15 novembre 1993 vers midi. J'ai retrouvé le compte rendu de l'accident de travail. De l'importance de l'écrit pour le travail de mémoire.

Louis avait vingt-deux ans, il avait été engagé à l'usine deux ans auparavant et travaillait à l'enrobeuse de chocolat. Il est mort sur la ligne Pépito® parce qu'il s'était glissé sous le tunnel froid pour régler un tapis et qu'il a été happé par un système d'entraînement. Le plus terrible, c'est que la ligne a continué à tourner et qu'on ne s'est pas aperçus tout de suite de sa disparition. Une heure après, ses collègues se sont mis à le chercher. Tout le monde se demandait où il était passé. Certains sont venus me trouver vers midi au restaurant d'entreprise, pour savoir si je n'avais pas vu Louis.

Je suis partie faire le tour des ateliers quand, tout à coup, j'ai entendu un cri ; une femme l'avait découvert coincé sous le tunnel.

L'usine s'est arrêtée en un instant.

On n'a même pas pris le temps de vider les trémies, ces grosses goulottes dans lesquelles tombe la pâte à gâteaux. Les mécaniciens m'ont aidé à le retirer de là. Je n'avais jamais vu des mécanos désosser une machine à une vitesse pareille. Quand on l'a finalement dégagé, il était mort depuis un moment. Le SAMU, l'inspection du travail débarquèrent, puis le silence envahit l'usine. Les employés erraient dans le bâtiment. Le lendemain, ils ne vinrent pas travailler.

Comme c'est le cas pour tout accident sur un lieu de travail, une enquête fut ordonnée. La responsabilité de Danone était questionnée ; le médecin du travail, Françoise, osa même protester auprès de la direction.

Ensemble, elle et moi avions souvent dénoncé des manquements à la sécurité, des absences d'information aux postes de travail des ouvriers parce qu'il fallait aller vite et que nos dirigeants ne prenaient pas toujours le temps de former les travailleurs.

C'est pourquoi après la mort de Louis, nous avons toutes les deux redoublé d'efforts pour que nos patrons fassent de la formation et de la prévention une priorité.

Je suppose que le départ de Françoise, six mois plus tard, fut lié à l'accident. Elle a dû payer son franc-parler vis-à-vis de la direction. En poste depuis plusieurs années, elle connaissait bien les salariés de l'usine, qui s'étaient attachés à elle. Moi aussi.

Je l'ai regrettée.

La mort de ce jeune ouvrier m'a bouleversée. J'en ai fait des cauchemars pendant trois ou quatre mois. Rien à voir avec les décès dans les services hospitaliers de l'Assistance publique où j'avais travaillé pendant quinze ans avant d'arriver à l'usine. À l'hôpital, j'avais acquis un certain détachement vis-à-vis des morts, car je ne les connaissais pas. Je ne veux pas dire que j'étais indifférente, je ne pense pas que les infirmières puissent s'habituer à la mort, mais, c'est certain, j'en étais moins affectée.

Dans le cas de Louis, nous le côtoyions tous les jours, nous l'avions extrait nous-mêmes de la machine... Pas beau à voir.

Ce jour-là, tandis que les autres s'éloignaient et nous laissaient faire, nous nous sommes rapprochés, les mécanos et moi.

Ce 10 janvier, alors qu'il fait presque nuit et qu'on n'entend plus le vivant toc toc des machines auquel nous sommes habitués, j'ai cette même impression de vide et de casse qu'il y a dix ans. À cette époque, personne à la maison n'avait osé me poser trop de questions.

Ce soir, plutôt que de rentrer chez moi et tout raconter à ma famille, j'éprouve le besoin de rester encore un peu à l'infirmerie.

Assise à mon bureau, porte du service médical fermée, je reprends l'article du *Monde*, et bêtement j'essaie de lire entre les lignes, je guette une ponctuation, un mot que je n'aurais pas vu, quelque chose qui me permette de comprendre. C'est le pire pour moi aujourd'hui, ne pas comprendre...

Ce moment de solitude me permet de retrouver un peu mes esprits.

Je sens que cette journée est vraiment « extraordinaire », tellement violente qu'il faut à tout prix la consigner par écrit. Pour qu'un jour l'on sache ce qui s'est vraiment passé.

J'ouvre à la première page un cahier tout droit sorti de la réserve de fournitures. J'entreprends d'écrire mon journal intime. Il est 19 heures. Nous sommes le mercredi 10 janvier 2001.

Chapitre II

Ouvrière dans le sang

Sur son cahier cartonné rouge 192 pages, l'infirmière consigne tout. Au crayon à papier, jour après jour, tous les soirs, cinq ou dix minutes après la dernière consultation. Porte toujours fermée.

Sans savoir pour qui ou pourquoi elle écrit, sans jamais rien raconter une fois rentrée chez elle. Mais avec l'idée qu'un jour il faudra que tout le monde sache ce qui est arrivé.

Elle écrit ainsi pendant plus de deux ans, entre janvier 2001 et avril 2003, passant le relais à deux courtes reprises, des périodes de vacances, à un copain collègue avec qui elle déjeune tous les midis depuis vingt ans.

Le cahier rouge n'est pas terminé lorsque Monique Laborde quitte définitivement son infirmerie.

En milieu de page, le récit s'achève ainsi : « L'usine est fermée et une bonne partie des salariés reste au domicile avec l'assurance de toucher son salaire jusqu'en juin 2004. On peut se retrouver une fois par semaine, le jeudi, autour d'un barbecue. Les locaux syndicaux sont ouverts tous les jours pour recevoir qui veut. »

Elle n'a plus touché au cahier, rangé le soir même de son départ dans un tiroir de son bureau à la maison, avec ses ciseaux d'infirmière. Les deux seuls objets emportés.

Six mois plus tard, elle propose à sa fille Delphine de lire son récit. Laquelle trouve qu'il faut « absolument en faire quelque chose ».

Peu après, Monique montre son cahier à sa mère, venue de Bretagne passer quelques jours. Elle lui dit juste qu'elle est fière d'elle.

Puis le cahier retourne dans le tiroir avec les ciseaux. Jusqu'au jour où Delphine le reprend, et commence à le retranscrire sur son ordinateur.

En septembre 2004, lorsque nous nous sommes rencontrées par l'intermédiaire d'amis communs, c'est ce journal que Monique m'a confié dans un classeur jaune.

Quelques mois plus tard, connaissant un peu mieux leur histoire, j'ai demandé à sa fille Delphine de m'expliquer par écrit ce qu'elle avait ressenti à sa lecture. Voici ce qu'elle m'a répondu :

« J'ai commencé par taper sur l'ordinateur les premières lignes manuscrites comme une bonne fille qui veut rendre service à sa mère. Par la suite, je suis devenue simple spectatrice des malheurs qu'elle avait vécus. C'est avec stupeur et dégoût que j'ai découvert dans quel monde elle évoluait depuis quelque temps, ce qui expliquait son comportement agressif et dépressif à la maison. C'est en recopiant chapitre après chapitre que j'ai imaginé ce qu'elle avait pu vivre. Toutes ces histoires qu'elle gardait pour elle, en voulant nous protéger mon frère et moi ; toutes ces personnes qu'elle aidait, cette vie d'usine que je ne soupçonnais pas.

On a parlé d'essayer de publier son journal, j'étais persuadée qu'il fallait dire la vérité à tous ceux qui, dans l'entourage des salariés ou à travers la presse, avaient suivi l'histoire de cette fermeture d'usine. Je voulais raconter comment on avait tué l'enthousiasme de centaines d'ouvriers qui depuis toujours étaient fiers de leur travail.

Ce livre permet à Maman d'extérioriser ses émotions, tout ce qu'elle a gardé au fond d'elle. Je l'ai toujours vue se battre contre l'injustice. Infirmière, elle est devenue confidente, pour consoler, absorber du mieux possible la souffrance de ses collègues de l'usine. Avec ce projet, elle ouvre les vannes et se "soigne" aussi sans doute.

Je suis fière qu'elle ait le courage de témoigner et de croire encore qu'on peut changer le monde. Car je sais qu'elle nourrit le secret espoir que son témoignage puisse faire douter quelques patrons sur leurs méthodes de management. Ou simplement qu'il éclaire le lecteur sur ce que l'on vit lorsqu'on est licencié. »

Cette jeune fille de vingt-deux ans qui déclare son amour à sa mère et qui découvre à travers un manuscrit une part d'elle jusque-là inconnue, j'ai trouvé cela touchant et rare.

En lisant son journal, et surtout en l'écoutant me raconter toujours plus, j'ai compris qu'au-delà du combat pour défendre son usine, c'est à la mémoire ouvrière que l'infirmière Monique Laborde voulait rendre hommage. Une manière pour elle de renouer avec ses origines.

Je suis l'aînée d'une famille de trois enfants, trois filles. Mon père était marin pêcheur et, pendant ma petite enfance, ma mère ne travaillait pas. Nous vivions à Douarnenez, en Bretagne.

On ne voyait pas très souvent notre père, en mer tout le temps. Le poisson, je connaissais ça par cœur : à l'âge de treize ans, il m'a emmené à la pêche avec lui pour une journée. C'est un souvenir magnifique.

Il embarquait sur les bateaux, l'été pour pêcher la sardine de 2 heures du matin à 2 heures de l'après-midi, l'hiver pour pêcher à la palangre en mer d'Irlande, parfois jusqu'à vingt-cinq jours. Et pour pêcher le thon, il partait deux mois, vers Dakar, au Sénégal.

Quand nos problèmes d'argent sont apparus, ma mère a travaillé à la criée de poisson la nuit. Et moi, à quatorze ans, j'ai rejoint l'usine pendant les vacances scolaires. Cela rapportait un petit salaire supplémentaire à la maison.

Là, j'ai vu... C'est à ce moment-là qu'a débuté mon histoire avec le monde ouvrier. Des sabots aux pieds, on courrait toute la journée, de 8 heures du matin jusque tard le soir.

J'ai très mal vécu cette période.

Pendant la saison de la sardine, le travail était très dur, en particulier à cause de la sévérité des contremaîtres et des contremaîtresses : les ouvrières avaient interdiction de parler ; elles pouvaient en revanche chanter des cantiques, en breton. Pas vraiment ma culture du moment... Pour moi, c'était l'époque de *Salut les copains*, j'écoutais Johnny et Sylvie, Françoise Hardy, du rock et les Beatles. Mais ces femmes qui portaient des coiffes et chantaient, je les trouvais belles.

En fait, j'ai perçu plus tard ce qui me gênait vraiment. Enfant, mes parents ne critiquaient jamais le patron devant moi ni ne se plaignaient de leur condition. Je ne comprenais pas tout aux règles et aux traditions de l'usine, mais je sentais des choses. Alors entendre des cantiques toute la journée quand on n'est pas croyante, et surtout quand on réalise que c'est la seule chose autorisée par l'employeur...

J'ai travaillé durant toutes les vacances plusieurs années de suite. Quand ma sœur cadette a eu quatorze ans, une loi fut votée, interdisant d'embaucher les enfants avant l'âge de seize ans ; mes sœurs ont donc échappé au travail à l'usine. En ce temps-là, j'en voulais un peu à mes parents, car je rêvais d'aller à la plage, comme les copines. Mais mon devoir était de les aider et je n'avais pas d'autre choix.

À l'usine, j'ai vite acquis la conviction que les conditions de travail de ces femmes devaient changer. Qu'il fallait instaurer plus d'heures de repos, une attention particulière aux femmes enceintes, de meilleurs salaires... et l'autorisation de se parler sur les chaînes de travail.

À quatorze ans, on m'appelait « petite fille » ; le patron, lui, on l'appelait « le monsieur ». Je ne supportais pas cela. Quarante ans après, lorsque j'ai remis les pieds dans une usine pour la première fois, à Evry, les droits des ouvriers avaient beaucoup progressé mais j'ai retrouvé le même paternalisme.

J'ai été sensibilisée très jeune par mes parents à la question de l'égalité des chances et au droit de chacun à être respecté pour ce qu'il est, aux droits des femmes en particulier. Ma mère surtout évoquait ces questions, c'était une femme en avance sur son temps, une des premières du quartier où nous vivions à porter le pantalon. Et moi, j'étais fière que ma mère porte un pantalon, elle n'était pas comme tout le monde !

Si on ne parlait pas politique à la maison, maman lisait *Le Canard enchaîné* ; comme mon grand-père maternel, un des premiers abonnés. Il était ouvrier aux Chantiers de l'Atlantique à Saint-Nazaire et très heureux d'avoir peint la cheminée du *Normandie*.

Je suis toujours abonnée au *Canard*.

Mes parents nous ont élevées, mes sœurs et moi, dans l'idée qu'il fallait faire des études. À la maison, mon père me répétait souvent : « Si tu travailles mal à l'école, tu iras à l'usine... » Inutile de préciser que je travaillais. Mais j'ai quand même été à l'usine !

À l'adolescence, j'ai d'abord voulu être vétérinaire. Jusqu'au jour où il a fallu piquer un de nos chiens.

C'est à dix-sept ans que je me suis décidée à devenir infirmière. La mère d'une amie, dont c'était le métier, m'en parlait souvent et m'encourageait en m'expliquant combien il était passionnant de venir en aide à des personnes qui souffrent.

Je me suis donc renseignée auprès du conseiller d'éducation sur les concours à passer.

Celui de l'Assistance publique à Paris me tentait. Une fois inscrite, j'ai rejoint la capitale pour passer les épreuves. Ma mère m'a accompagnée, et comme nous ne connaissions personne, nous avons réservé par téléphone une chambre d'hôtel pour cinq jours dans le quartier de Pigalle.

C'était au mois de mai 1967, et dans le train qui nous conduisait, maman me raconta comment elle était venue y travailler quelques mois dans sa jeunesse.

À l'arrivée, gare Montparnasse, il faisait beau. Je découvrais Paris et j'étais impressionnée de voir ma mère se diriger parfaitement dans le métro.

Mais surtout elle était à moi toute seule pour la première fois. Nous avons tellement ri... La chambre d'hôtel que nous avions louée, à proximité de la salle Wagram où se déroulaient les épreuves du concours, se situait dans un quartier « chaud ».

Quel fou rire nous avons piqué en découvrant d'immenses miroirs au pied de notre lit !

Les trois jours qui ont suivi l'examen, nous avons visité les monuments, que maman connaissait bien, et nous nous sommes offert des repas au restaurant. Nous avons un peu fait les folles, comme deux adolescentes qui se moquent des passants et s'achètent de trop grosses glaces. Il nous est même arrivé de nous perdre dans les catacombes de la place Denfert-Rochereau...

Ces moments de joie et d'intimité avec ma mère restent gravés dans ma mémoire, de sorte que mon concours d'entrée à l'école d'infirmière fut l'un des plus beaux moments de ma nouvelle vie à Paris.

J'ai par la suite suivi mes deux années d'apprentissage à l'hôpital de l'Hôtel-Dieu. Notre école se trouvait tout près du Quartier latin où nous allions souvent déjeuner avec les copines. Et Mai 68 est arrivé.

Dès les toutes premières manifestations, nous sommes allées soutenir les étudiants en leur distribuant des collyres contre les grenades lacrymogènes. Mais au bout de quelques jours, j'ai eu envie de rejoindre les barricades. Ce furent mes premières manifs, ma première expérience d'affrontement pour défendre mes idées et aussi mes premières confrontations avec les CRS. Je n'imaginais pas les retrouver à nouveau face à moi bien des années plus tard pour défendre mon travail, à cinquante ans passés !

Mes copines infirmières et moi nous sentions totalement en phase avec la vague contestataire collective. Nos revendications de plus de libertés étaient les mêmes que celles des autres étudiants. Mais nous tenions aussi à défendre nos intérêts propres. Et nous nous sommes bien battues. Jusque-là, les infirmières disposaient d'un dimanche de repos sur quatre chaque mois et d'une journée par semaine. À la suite des événements, nous avons obtenu deux jours de repos continus hebdomadaires et un dimanche sur trois.

À l'obtention de mon diplôme d'État, j'ai été engagée à l'hôpital de la Salpêtrière, dans l'équipe de nuit du service de neurologie. J'avais eu de bons résultats au concours, ce qui me permit de choisir un poste logé.

J'étais heureuse de commencer à travailler et impatiente de découvrir toutes les facettes de mon métier. J'avais dix-neuf ans, c'était en septembre 1969.

J'ai ensuite passé une dizaine d'années en service de pédiatrie, puis encore quelques années en service de médecine nucléaire. C'était l'époque où l'on parlait d'« humanisation des hôpitaux ». Des mesures décidées par des bureaucrates qui n'étaient jamais entrés dans une salle de soins, mais qui considéraient qu'aller voir une petite mamie dix minutes pour l'écouter parler de ses petits-enfants était une perte de temps.

Justement, nous les infirmières souffrions de ne pas avoir le temps de discuter avec les malades et de ne pouvoir faire notre travail correctement. La France des années quatre-vingt connaissait une hémorragie d'infirmières et des manifestations régulières dans les rues des grandes villes pour tirer la sonnette d'alarme sur la qualité des soins à l'hôpital. L'opinion publique et les hommes politiques avaient l'air de découvrir que nos salaires étaient faibles, notre activité souvent pénible, que nous n'avions aucune reconnaissance. La profession en tout cas ne faisait plus rêver les jeunes.

Mes conditions de travail se dégradaient de plus en plus, je courrais d'un patient à l'autre sans avoir le temps de le connaître, d'écouter sa douleur et donc de suffisamment le soulager. Je commençais à saturer.

Un jour, je suis rentrée à la maison en annonçant à Jean-Pierre, mon mari, que j'allais chercher un autre poste, en dehors des hôpitaux.

Après quinze ans, j'ai quitté le monde hospitalier du jour au lendemain.

Lorsqu'on n'a plus la passion de son travail, il faut en changer. C'est une chance que le métier d'infirmière conduise à une si grande diversité de postes. Autant de domaines qui correspondent aux étapes de l'existence : aider à donner la vie en maternité, participer à l'éducation et à la protection des enfants dans les écoles, puis aux recrutements dans l'armée, accompagner le travail dans l'entreprise, tenter de réparer les accidents de la vie, et enfin adoucir la retraite ou la longue maladie.

Entre toutes ces possibilités, j'ai choisi la santé au travail.

Lorsque j'ai parlé à mon fils de ce changement, il m'a simplement répondu : « C'est bien, tu seras là à Noël ! » Stéphane avait cinq ans.

J'avais appris par une petite annonce dans *Le Parisien* que l'infirmière de l'usine Belin d'Evry prenait sa retraite.

Un matin d'octobre 1982, je me suis donc rendue au rendez-vous avec un responsable du personnel de l'usine qui ne s'appelait pas encore LU mais Belin. L'entretien portait sur mes motivations et surtout sur mon départ d'un poste de fonctionnaire pour un poste dans le privé. J'ai précisé qu'à l'hôpital je ne m'étais jamais sentie « fonctionnaire » et que la qualité du travail à mes yeux n'était pas une question de statut.

Puis mon interlocuteur m'a interrogée sur la façon dont je concevais cet éventuel nouveau poste et je lui ai fait part de ma façon de voir le monde ouvrier non avec angélisme mais avec réalisme. Autrement dit, je ne souhaitais pas m'apitoyer sur le sort des ouvriers mais être aux côtés de tous les salariés, quels qu'ils soient, pour les écouter et soulager leurs maux divers.

J'ai conclu sur mon désir de connaître cet univers. Il a eu l'air surpris.

Lors de cette entrevue, j'ai vraiment eu le sentiment de donner le meilleur de moi-même, je me sentais portée par une foule de petits souvenirs de mon adolescence à l'usine.

Tout en défendant ma candidature, je réalisais que cette envie d'améliorer les conditions de travail ne m'avait finalement jamais quittée. Je gardais en mémoire mes laborieux retours à la maison, le soir. Maux de dos et grandes fatigues, mes jours de repos n'étaient pas de trop... À l'époque, je n'avais que quinze ans, et j'imaginais facilement la fatigue et la vie des femmes à l'usine depuis trente ans.

Pourtant, en sortant, je ne pensais pas être embauchée : mon manque d'expérience en médecine du travail pénaliserait certainement ma candidature.

Je me trompais car une semaine après cette première rencontre, une lettre recommandée est arrivée : j'étais convoquée pour un deuxième entretien avec le même responsable. J'ai répété mon souhait de m'impliquer dans l'amélioration des conditions de travail, la prévention des accidents et de contribuer à ce que les salariés se sentent bien dans leur activité professionnelle. Mes propos ont dû le convaincre ; j'ai été engagée.

J'ai quitté l'Assistance publique fin décembre 1982 et je suis entrée à l'usine le 10 janvier 1983. Pour la première fois depuis des années, j'ai passé les fêtes de Noël et du jour de l'an avec ma famille.

Chapitre III

Salariée et heureuse

L'histoire de l'usine d'Evry, c'est d'abord une histoire de performances. Celles que réalisèrent, tout au long du XXe siècle, Gustave Belin et ses héritiers pour faire de la petite entreprise familiale l'un des grands noms de la biscuiterie française.

De la manufacture de Bagnolet à celle que ses admirateurs appelleront plus tard la « cathédrale d'Evry », des biscuits Victoire® aux fameux Pépito®, l'idée d'être « un Belin » a fait la fierté de centaines d'hommes et de femmes.

Une fierté que n'a pas entachée, bien au contraire, le rachat de la marque en 1969 par le premier biscuitier américain Nabisco.

C'est avant tout le savoir-faire des ouvriers de Château-Thierry et Maison-Alfort qui séduit outre-Atlantique, et aussi la perspective d'un marché en pleine expansion.

Pour s'imposer en France, Nabisco investit et construit une usine moderne et automatisée à Ris-Orangis-Evry.

Spécialité : les produits salés, les fameux Crackers® Belin.

Château-Thierry se concentre sur les assortiments sucrés.

Au milieu de l'année 1973, les premières lignes de production sont mises en route sur le nouveau site d'Evry. Le succès viendra avec les innovations... et les sauces, miniquiches et pizzas. Sans oublier Pépito® et son sombrero.

Dans l'esprit et la vie des salariés, l'usine occupe une place centrale, jouant un rôle structurant sur des familles de milieux sociaux modestes et fragiles.

Les anciens, syndicalistes de la première heure, sont les garants de cet équilibre, qui se battent inlassablement pour le progrès social.

Et cela marche. À Evry, les salaires sont élevés, le travail de nuit est volontaire, les primes bien supérieures à celles des autres entreprises de la région. Les jeunes forment le gros de la troupe, qui prétendent aimer leurs machines comme une compagne et protègent scrupuleusement leurs recettes culinaires. À Evry, on se marie, on fait des enfants et on imagine rester là jusqu'à la retraite.

En 1989, à la faveur de complexes opérations de Bourse, BSN (Bournois-Souchon-Neuvesel), futur groupe Danone, s'empare de Belin. La famille Riboud devient propriétaire de la marque et donc de l'usine d'Evry.

Le site emploie alors mille personnes, réparties entre le siège social et l'usine. Les huit cents salariés produisent trente-deux mille tonnes de biscuits chaque année.

Cité en exemple pour être toujours en avance d'une loi, ami de la gauche politique, Antoine Riboud est un patron qui définit le social comme « un contre-pouvoir à l'économie ». Une vision très personnelle du projet industriel, selon laquelle l'entreprise ne doit pas sacrifier les hommes au chiffre d'affaires.

Le père fondateur, attaché au dialogue avec les syndicats, s'était illustré en 1986 en constituant un comité de groupe européen, presque dix ans avant la directive de Bruxelles. L'objectif était de faciliter la communication entre représentants du personnel du monde entier.

Mais en investissant dans le biscuit, le groupe Danone impose peu à peu sa marque, LU®, au détriment de Belin. Détail d'affichage pourrait-on penser, le nom importe peu puisque l'activité demeure identique.

Erreur ! C'est oublier que pendant des années, les salariés d'Evry se sont collectivement construits sur l'identification à Belin. Porter atteinte à la marque, c'est un peu leur déclarer la guerre.

Dans leur esprit, tout a changé ; ce n'est plus

pour des industriels du biscuit qu'ils travaillent, mais pour des industriels de la finance.

Lentement mais sûrement, le fossé se creuse. Entre l'image parfois trop idyllique du temps d'avant et le souffle puissant du libéralisme économique, les murs de l'usine vont bientôt se lézarder.

Première inquiétude en 1999. Le débat politique en France est à la réduction du temps de travail, aux trente-cinq heures. Et les syndicats de l'agroalimentaire commencent dans les médias à avertir l'opinion des risques de restructurations.

Les salariés de LU, par la voix des élus du personnel, lancent ce que l'on appelle un droit d'alerte. Ils craignent des bouleversements dans la fabrication des produits et l'organisation des ateliers. Depuis peu, des ingénieurs sont devenus responsables d'équipe dans certains services, remplaçant petit à petit les anciens. Les changements de mentalité et de façon de travailler ont fortement déstabilisé les ouvriers sur les lignes de production.

Aux inquiets, la direction répond que l'usine est l'une des plus rentables d'Europe. Elle le fait d'ailleurs savoir aux élus locaux.

Les ouvriers mettent les bouchées doubles. Pour prouver qu'ils sont toujours les meilleurs dans leur domaine. Et surtout pour se persuader que dans ces conditions il ne viendra pas l'idée aux nouveaux patrons de fermer une usine qui réalise des bénéfices. Nouvelles machines et modernisation aidant, ils parviennent à produire autant que dix ans auparavant en étant deux fois moins nombreux, suite au départ des retraités qui ne sont pas remplacés.

En cette fin d'année 2000, trois cents personnes travaillent à la production, une centaine à l'encadrement et l'administration.

Les syndicats affirment que l'usine d'Evry représente à elle seule 25 % du chiffre d'affaires des quatorze autres sites LU en France.

La première fois que je suis arrivée dans cette usine, il faisait froid. Je ne connaissais pas d'autres usines que celle de mes quatorze ans. Et je ne connaissais rien aux biscuits. Je n'ai jamais été douée pour la pâtisserie !

En sortant de ma voiture sur le parking, une bonne odeur de pâte chaude, de chocolat et de noisette est venue me chatouiller les narines. En plein mois de janvier, c'était très agréable ! L'usine jouxtait un petit bois qui couvrait le brouhaha de l'autoroute. Je me sentais loin des bruits de moteur et des pots d'échappement parisiens.

J'ai été bien accueillie par l'infirmière à laquelle je succédais. En faisant le tour de l'infirmerie, j'ai remarqué, dans la salle d'attente, un plateau de biscuits tout juste sortis des fours. Des Pépito® et des Petits Cœurs®. Là aussi, ça sentait bien meilleur que les antiseptiques de l'hôpital !

Habitude de longue date, lorsque les salariés

venaient à l'infirmerie, ils mangeaient toujours un petit gâteau.

Ce premier jour, j'ai visité l'usine ; je suis allée partout, j'ai demandé à voir tous les postes de travail, guidée par l'infirmière, un vrai marathon. Je la regardais passer d'un atelier à l'autre, je l'écoutais me raconter qu'elle était là depuis trente ans, qu'elle avait passé presque toute sa vie professionnelle ici. Je me souviens m'être demandée à cet instant si moi aussi je resterais ici jusqu'à la retraite.

J'étais alors bien loin de me douter du cours que prendraient un jour les événements.

Peu de temps après mon arrivée est entrée Agnès, ma première patiente. Une petite femme blonde qui prétendait avoir mal à la tête. Je l'ai soulagée, on a discuté, c'était sympathique. Tout de suite on s'est tutoyées et elle m'a proposé de la suivre pour me montrer *sa* machine. Elle m'a fait faire le tour de son poste à l'atelier de conditionnement et m'a présenté ses copines, qui souhaitaient savoir de quel bord politique j'étais, l'infirmière précédente adhérant au syndicat des cadres CGC.

Ce jour-là, je n'ai pas voulu me dévoiler.

Je me suis sentie plus à l'aise que lors de la visite officielle où j'étais encadrée par l'infirmière et un responsable d'atelier, et durant laquelle je n'avais pas eu l'occasion de m'entretenir avec les ouvrières.

Avec le recul, je soupçonne Agnès d'avoir été

envoyée en éclaireur par ses copines pour voir la tête de la nouvelle infirmière. Le jour où l'usine a fermé, elle est revenue me voir : « Tu te souviens Monique, m'a-t-elle dit, j'ai été ta première patiente. »

Je pénétrais dans un monde bien différent de celui de l'hôpital. Tout le monde était en bonne santé et portait une blouse. Jusque-là, les blouses me permettaient de différencier le personnel médical des malades en pyjama.

Je découvrais une gigantesque cuisine, dans laquelle s'exerçaient toutes sortes de métiers.

Au deuxième étage de l'usine, une vingtaine d'hommes aux pétrins fabriquaient les pâtes. On les appelait « les pâteux ». Tous des pâtissiers et boulangers de formation qui travaillaient en équipe et démarraient à 1 heure du matin afin que tout soit prêt pour les cuissons à partir de 6 heures. Au premier étage donc, d'autres hommes s'activaient sur les fours les plus longs d'Europe.

À la sortie de ces fours travaillaient les « cuiseuses », toutes des femmes, capables de savoir en un seul coup d'œil si le biscuit était cuit, s'il avait la bonne forme, ce qu'il lui fallait d'aromates ou de décoration.

Au rez-de-chaussée enfin, on trouvait des femmes à l'emballage et des hommes à la maintenance.

D'autres ateliers venaient compléter ce tableau, celui des extrudés, ces biscuits comme les Chipster® cuits et soufflés dans de grosses friteuses, et celui où l'on conservait les meules de gruyère qui arrivaient tous les jours et les herbes qui sentaient si bon, thym, laurier. Mais c'est l'atelier chocolat, avec son enrobeuse et le chocolatier, qui était mon favori ! Un fin spécialiste ce chocolatier, qui avait toujours une bonne anecdote sur la consistance, le goût et la conservation de tel ou tel cacao. Enfin, le quai de chargement servait de lieu de rassemblement pour les camions en partance vers les magasins.

À cette époque, le site produisait entre vingt-cinq et trente mille tonnes de biscuits chaque année.

Après une semaine passée dans cette usine, j'étais emballée.

J'avais trente-trois ans et l'agréable intuition que j'allais trouver ici la finalité de mon métier. Un métier dont j'ai toujours pensé qu'il ne devait pas dissocier l'être humain de son environnement. Dans cette microsociété, je devenais une infirmière généraliste, amenée à rencontrer toutes sortes de pathologies liées au travail et à la vie de famille.

Personne ne disait : « Je vais au travail », mais : « Je vais à *mon* travail ». On disait *mon* usine. Les ouvriers s'étaient appropriés le lieu au fil des années.

Malgré les aléas du travail en équipe, une grande solidarité unissait les gens, toujours prêts à se donner un coup de main en cas de panne de machine. Les ouvrières, elles, savaient se soutenir moralement en cas de coup dur, divorce, décès ou autres bobos à l'âme.

Les ouvriers se montraient consciencieux, fiers de leurs biscuits. Bien qu'employés dans une industrie, ils s'intéressaient à la qualité de la farine comme le font les artisans. Tous les printemps, la qualité de la farine est différente. Chaque recette était soignée, revue régulièrement, presque personnalisée.

Les gens qui font leurs courses au supermarché, est-ce qu'ils savent cela ? Je me le suis souvent demandé.

Les ouvriers désiraient avant tout fabriquer de bons produits ; c'est la raison pour laquelle les biscuits cassés, ou mal cuits, ou encore « difformes » étaient détruits.

Des biscuits « non conformes » ne pouvaient être vendus. Impensable pour les dirigeants comme pour les ouvriers de sortir un gâteau qui ne fût pas à la hauteur ! On tenait à l'image de la marque.

Nous tous, les salariés, vivions avec et pour cette image d'un biscuit bien doré, un Pépito® bien brillant. Comme lorsqu'on invite des copines pour boire un thé et qu'on est contente de servir un beau gâteau !

Au début, beaucoup de choses m'ont surprise. Par exemple les filles qui s'informaient en arrivant le matin de l'état des machines et des biscuits...

Je n'avais pas l'impression de travailler dans une usine comme « dans le temps ». C'était pas Zola.

À Evry, je demeurais infirmière, mais autrement. J'appréciais de ne pas avoir à rester dans mon bureau à attendre le patient. Tout de suite j'ai voulu aller vers l'usine.

Je me suis initiée à sa langue. Les ouvriers, lorsqu'ils m'appelaient à l'aide, ne disaient jamais : « Je suis à tel endroit », mais : « Je suis sur telle machine », « sur telle ligne », « je suis aux Petits Cœurs® »... Et en cas d'accident, il ne fallait ni s'égarer dans l'usine, ni perdre du temps à deviner où se trouvait l'accidenté !

J'exerçais mon métier à plein temps et le médecin du travail rattaché au site, Françoise, venait pour des vacations deux ou trois fois par semaine ; je prenais donc pas mal de décisions seule. Et nous formions une bonne équipe, Françoise et moi. Elle était aussi une femme de terrain et j'ai beaucoup appris à son contact, en particulier sur la législation de la médecine du travail.

D'ailleurs on parle de « médecine du travail », mais pourquoi ? L'expression est étrange. Depuis quand le travail est-il malade ? Le travail ne devrait-il pas, à ce que l'on dit, être synonyme de santé ? Moi j'ai toujours pensé que j'étais infirmière de la santé au travail !

Je travaillais beaucoup mais avec le sentiment de travailler bien. Mes décisions n'ont d'ailleurs jamais été discutées par qui que ce soit.

Je rentrais le soir contente de ma journée. J'en racontais des bribes aux miens de temps en temps. Le fait que je sois fière de mon travail contribuait je crois à l'harmonie familiale, harmonie qui me semblait partagée par tous les salariés. Bien souvent, l'usine employait des familles entières. Les parents pouvaient sereinement se dire qu'après eux l'avenir de leur fils ou leur fille était assuré, qu'eux aussi pourraient être embauchés ici.

Pour nous, cette usine ne fermerait pas tant que ses ouvriers continueraient ainsi à être reconnus et à générer des bénéfices. Logiquement, les enfants avaient donc envie de poursuivre le travail de leurs parents et envisageaient de lui consacrer toute leur vie professionnelle. Beaucoup d'ouvriers travaillaient là depuis plus de vingt ans.

D'ailleurs, la direction, très paternaliste, favorisait cette mentalité. Les patrons connaissaient bien les parents et rencontraient les enfants tous les ans aux fêtes de Noël. Alors quand ils arrivaient à dix-huit, dix-neuf ans avec un CAP de boulanger, des liens existaient déjà.

Cette culture d'entreprise familiale nous rendait tous sereins par rapport au futur.

J'étais quant à moi si certaine d'avoir trouvé ma vocation. Je voulais tout savoir des biscuits. Mais si j'avais travaillé dans une fabrique de locomotives, j'aurais certainement su en citer les différentes pièces et dire qui travaillait dessus. Ainsi, lorsque je soignais un ouvrier, il me parlait de son poste de travail, de sa machine. Tout naturellement, j'y passais un peu plus tard pour prendre de ses nouvelles.

Je recevais chaque jour entre vingt et trente personnes, qui venaient pour de petites blessures ou pour parler, prétextant un mal de tête ou un mal de ventre. Souvent pour raconter que le fils ou la fille se droguait, que le mari levait la main facilement...

Je jouais là mon rôle le plus passionnant, en sortant du cadre strict dans lequel sont cantonnées les infirmières en milieu hospitalier.

À Evry, l'alcoolisme existait depuis toujours. Peut-être à cause de la vie difficile que les gens menaient... Ils avaient grandi et demeuraient aux Tarterêts, à la Grande-Borne, des quartiers en difficulté. Beaucoup d'hommes, de femmes et leurs enfants vivaient dans des climats de violence.

Alors sur cette question de l'alcool, j'ai essayé de semer mes petits cailloux, progressivement.

La première campagne contre l'alcoolisme menée à l'intérieur de l'usine n'a pas été facile. On vendait quand même des biscuits festifs... Les Crackers®, c'était pour grignoter en buvant le pastis, les biscuits sucrés pour accompagner le champagne.

Certains ouvriers craignaient qu'une trop forte campagne contre l'alcool entraîne une diminution des ventes de biscuits dans les magasins. Pour eux, les gâteaux ne pouvaient être dissociés de l'alcool.

Les occasions de boire, naissances, mariages, anniversaires, étaient copieusement arrosées.

Quelques salariés me racontaient aussi les retours dans les cités. Fatigués après une journée ou une longue nuit de travail à la chaîne, ils devenaient progressivement dépendants à la bière ou au pastis... L'alcool devenait le compagnon idéal des mauvais jours.

Mais le problème le plus important à mes yeux demeurait les conditions de travail des femmes. Avec Françoise, on s'est vite inquiétées pour les femmes enceintes qui réalisaient un travail pénible, notamment à l'emballage et dans les ateliers, debout de 6 à 14 heures avec une seule pause d'une demi-heure.

Avec la collaboration des élus du personnel, nous avons pu obtenir des améliorations pour ces futures mamans. Une demi-heure de pause supplémentaire et le droit de partir une demi-heure avant les autres employés.

J'ai toujours entretenu un contact privilégié avec toutes ces femmes, qui représentaient tout de même la moitié du personnel de l'usine ! Elles ne se plaignaient pas. Je les trouvais si courageuses.

J'ai connu des filles qui ont démarré leur carrière aux Pépito® et qui y sont restées toute leur vie. Vingt années passées à emballer des Pépito® !

Je ne me sentais pas supérieure parce que je faisais partie de l'encadrement... D'autres cadres, oui.

Je me sentais ouvrière, plus proche de ces filles que des financiers ou des gens du marketing.

L'infirmerie, c'était un peu une bulle où elles se reposaient un moment.

À mon arrivée, la majorité d'entre elles étaient jeunes ; à mon départ, elles avaient en moyenne cinquante ans.

Je les ai connues enceintes, j'ai rencontré leurs enfants, parfois même leurs petits-enfants.

Nos liens demeuraient étroits quoi qu'il arrive. Comme avec ces jeunes mamans qui, en congé maternité, venaient passer un court moment avec moi pour se distraire ou me demander de les examiner ; je les écoutais, je les rassurais sur leur grossesse, je leur expliquais comment allait se passer leur accouchement, comment prendre soin d'elles, l'intérêt et la manière d'allaiter leur bébé... Elles étaient si peu nombreuses à être bien informées, ou même tout juste éduquées, et elles n'osaient pas poser toutes ces questions à l'hôpital ou à leur généraliste.

Lorsqu'elles reprenaient leur poste après la naissance, je leur parlais de la contraception et les incitais aussi à se protéger. Je faisais le même travail d'information et de prévention auprès des hommes. Et de la même manière qu'il y avait toujours à l'infirmerie une boîte de bonbons et de gâteaux, il y avait aussi une boîte de préservatifs, que je remplissais toutes les semaines.

Eux m'apprenaient leurs biscuits et moi je leur apprenais l'hygiène. J'appelle ça le partage des compétences !

Cela nous a par la suite conduites, Françoise et moi, à lancer une grande campagne d'information sur le sida. Les réticences à l'opération antialcoolisme ne nous avaient pas découragées et je considérais que cet aspect de ma mission d'infirmière, sur des sujets encore très tabous, était aussi important que la prévention des accidents de travail.

Sur ces questions de la sécurité dans les ateliers, j'ai régulièrement été en désaccord avec l'encadrement. Je m'opposais par exemple à la réouverture d'une ligne de production sur laquelle s'était produit un incident ou j'insistais pour qu'on répare une fuite d'huile près des énormes friteuses, sur laquelle des ouvriers risquaient tous les jours de glisser.

La responsabilité d'une infirmière consiste à ne jamais laisser les employés prendre des risques au travail. Ils arrivaient entiers à leurs ateliers et moi je devais veiller à ce qu'ils repartent entiers. Il n'y a aucune raison de perdre sa vie ou même une main au travail.

Malheureusement, personne n'est jamais à l'abri d'un accident.

J'ai ainsi vu un garçon de vingt-cinq ans, qui travaillait à la maintenance, perdre un doigt dans une machine lors d'une intervention sur un pétrin. Il ne s'est jamais remis de son amputation, même en continuant à travailler à un poste plus protégé.

Régulièrement, je devais faire face à des blessures, heureusement moins graves : des brûlures, des coupures. Au fil des années, les risques se sont réduits. Le médecin et moi y avons travaillé avec notre direction. Le moindre accident était analysé et des systèmes de sécurité installés de sorte qu'il ne puisse se reproduire dans les mêmes circonstances. Des formations sur les postes de travail ont par ailleurs été mises en place pour que les ouvriers sachent mieux se protéger de leur machine.

Nous avions aussi convenu que j'aille dans les salons professionnels où sont présentés de nouveaux matériaux et techniques de protection individuelle.

J'étais par exemple chargée de repérer des cutters moins dangereux ou des gants et des masques de protection très utiles sur certains postes de travail où la chaleur était intense.

En plus de mon travail d'infirmière, j'étais depuis 1988 élue au Comité d'hygiène et de sécurité des conditions de travail (CHSCT), une instance représentative de l'usine dont le médecin du travail est d'ailleurs toujours membre de droit. Instance que j'ai trouvée très utile, car ses membres reçoivent une formation complémentaire sur la prévention des risques au travail. On analyse chaque accident en se rendant immédiatement sur les lieux, puis on lance une enquête sans contrainte hiérarchique. Il est aussi du ressort du CHSCT de dénoncer les conditions de travail qu'il juge insuffisantes, d'exiger par exemple de la direction des pauses douche quand la chaleur des ateliers est difficilement supportable.

Finalement, le CHSCT m'apparaissait comme un prolongement de mon poste au service médical. Faire de la prévention correspondait à un engagement citoyen, presque politique.

Dans le monde de l'entreprise, face à des patrons qui ne sont pas assez vigilants, il faut des trublions pour mettre le doigt là où ça fait mal.

La direction de l'époque était ouverte à cette idée globale de progrès social. Je crois même que l'usine Belin a été l'une des premières de la région parisienne à instaurer la cinquième semaine de congés pour Noël. Il est certain que les ouvriers y bénéficiaient d'avantages qui n'existaient pas ailleurs. Nous étions heureux au travail et on ne pouvait pas en dire autant de toutes les usines françaises.

Alors c'est vrai, en 1990, à l'annonce du rachat de Belin par le groupe BSN, futur groupe Danone, l'ensemble des salariés a mal pris le changement. Parce que Belin et LU étaient concurrents depuis toujours. Et voilà que le plus gros mangeait le plus petit...

Les opérations de Bourse étaient passées par là et le géant américain Nabisco, à qui l'usine appartenait depuis sa construction, l'avait peu à peu remise en d'autres mains.

D'autres marques, comme l'Alsacienne, avaient déjà fait les frais de ces rachats et restructurations.

La petite Sophie de l'Alsacienne, tant aimée des enfants, avait disparu, et nous tous, à l'usine d'Evry, craignions que notre Pépito® ne soit dévoré lui aussi !

Nous avions raison de nous inquiéter. La marque Belin, qui avait forgé notre identité, disparut presque totalement. Seuls les Crackers® la conservèrent sur leurs emballages, mais l'histoire avait tourné. Une première fois.

Pendant des années, les ouvriers s'étaient battus pour atteindre des objectifs de qualité et ils avaient maintenant l'impression que la nouvelle direction balayait tout cela au profit de critères de rentabilité. Des biscuits auparavant jetés pour un défaut partaient à présent à la vente.

Et l'usine, qui jusque-là ne fabriquait que des biscuits de notre marque, Belin, commençait à sous-traiter des produits pour des grandes enseignes de supermarchés qui apposent sur les emballages leur propre marque.

La réduction des coûts était devenue la priorité, au détriment de l'amélioration du savoir-faire. Les recettes comportaient moins de chocolat, les fromages et la farine devenaient de moins bonne qualité, le vrai beurre fut remplacé par de l'oléine de beurre, le lait par du lactosérum.

La direction tenta bien de nous faire croire que les recettes ne changeaient pas, mais on sentait bien que les odeurs n'étaient plus les mêmes.

Durant les années Belin, nous produisions

trente-deux mille tonnes de biscuits par an ; avec LU nous avons réduit la production à vingt-cinq mille tonnes. Les bénéfices, eux, n'ont pas diminué.

Mais, faire du chiffre, est-ce un métier ? La conception du travail n'était plus la même. Pour nos responsables des achats, la farine n'était qu'un chiffre, le plus faible possible, dans une colonne, tandis que pour nous c'était toujours un kilo de farine ! Eux comptaient leurs millions de paquets de gâteaux, nous on vivait de ces biscuits et on les respirait tous les jours.

Cette course à la rentabilité que l'on tentait de nous imposer comportait de nombreux effets pervers, plus révoltants les uns que les autres, particulièrement dans les relations entre la direction et les ouvriers.

Au cabinet médical, je recevais aussi beaucoup les gens des bureaux et j'ai parfois reproché à certains cadres supérieurs leur suffisance à l'égard des ouvriers. Ils ne les saluaient même pas et ne les consultaient pas quand il s'agissait de prendre des décisions sur la production, alors que leur expérience était bien supérieure à celle des nouveaux venus.

À ce manque de considération envers les ouvriers se sont ajoutées des méthodes de management autoritaires et intrusives, dont j'ai souvent été le témoin direct. Comme ce coup de fil d'une contremaîtresse qui insistait pour que je lui renvoie une ouvrière exténuée, venue se reposer à l'infirmerie. Ou comme cette femme enceinte qui, pour ne pas quitter son poste de travail, avait mis une couche et uriné dedans !

Françoise, qui s'en était rendu compte, avait atterri folle de rage dans un bureau de la direction, hurlé que c'était inadmissible et menacé d'avertir la presse.

De ce jour, les filles purent aller aux toilettes quand elles en avaient envie, qu'elles soient momentanément remplacées ou pas, et nous avons eu droit, le médecin et moi, au regard assassin de certains chefs d'entreprise !

Leur attitude prouvait en tout cas que la quête du profit primait sur la santé des ouvriers. Nos nouveaux patrons semblaient ne plus faire de différence entre l'homme et la machine. Une vision des choses que je n'ai bien sûr pas cessé de combattre ouvertement, bien qu'étant membre de l'encadrement. Heureusement, mon statut d'élue au CHSCT me protégeait et me donnait toute latitude pour exprimer mes désaccords. Finalement, cela prolongeait les convictions qui m'animaient depuis ma jeunesse ; j'ai toujours voulu défendre le petit contre le gros. Et là où j'étais, il y en avait des choses à faire, à commencer par rétablir l'égalité entre les employés.

Entre les bureaux où la pression psychologique était forte et le stress réel, et les ateliers où la pénibilité du travail et la fatigue physique transparaissaient immédiatement, il fallait adapter le suivi médical à chacun et selon les mêmes critères de respect et d'égalité.

Je me suis vite aperçue que les conditions de travail différaient dans les deux bâtiments du site. Dans les bureaux, les salariés pouvaient se déplacer sans avoir besoin de se faire remplacer et les horaires étaient plus souples.

Il était aussi plus difficile pour une ouvrière de trouver une nourrice à 5 heures du matin pour garder ses enfants qu'à 8 heures.

Autre exemple, à mon arrivée dans l'entreprise, une dizaine de personnes seulement étaient vaccinées contre la grippe, toutes des cadres. Quand je suis partie de l'usine en 2003, tous les volontaires, qu'ils soient cadres ou ouvriers, pouvaient se faire vacciner. J'avais obtenu gain de cause.

Deuxième partie

Les Lus à la Une

Chapitre I

Le choc

C'est une affaire qui commence par ce que l'on appelle communément une « bavure ». Lorsqu'en cette fin d'année 2000, un cadre des relations humaines chez LU confie dans un mail à l'un de ses collègues non pas ses états d'âme, mais un projet de restructuration. Un courrier électronique dévastateur quand, par une fuite mystérieuse et bien malencontreuse pour son auteur, il atterrit sur le bureau d'un journaliste du Monde. *Lequel décide de publier, après avoir pris soin de vérifier ses informations, des extraits de cette fameuse note interne.*

Ainsi, ce 10 janvier 2001, le quotidien révèle les intentions du groupe Danone de supprimer trois mille emplois dont mille sept cents en France, dans sa branche biscuits.

Une bombe.

Au siège de Danone, rue de Téhéran à Paris, Franck Riboud réunit un conseil d'urgence. Il est fou de rage et demande immédiatement au chef de la sécurité de son groupe, un ancien grand commissaire de la police reconverti au service privé, de lancer une enquête sur cette fuite.

Le patron sait qu'en terme d'image, un coup terrible vient d'être porté à l'entreprise dont il a hérité de son père, Antoine Riboud, en 1996.

Certes Franck Riboud n'en est pas à son premier plan de restructuration. Pour tenir sa place de leader face à la concurrence de Nestlé, le géant de l'agroalimentaire s'est déjà séparé de nombreuses activités (bière, verre) les années précédentes pour se concentrer sur les produits laitiers frais, les boissons et les biscuits.

Mais Riboud fils a fait sienne la devise paternelle : « Chez Danone, on ne licencie pas n'importe comment », et même signé peu avant un accord avec l'Union internationale des travailleurs de l'alimentation, qui prévoit de consulter les syndicats lors de restructurations.

Surtout, surtout, l'entreprise continue d'afficher ses bénéfices : + 8 % en 2000.

Licencier quand on fait de telles marges, cela risque d'être mal compris.

Ce 10 janvier 2001, le P-DG de Danone hésite donc entre nier ou faire amende honorable. Tandis qu'il porte plainte contre X pour vol de message, ses conseillers en communication choisissent une solution qui se révélera désastreuse : contester l'existence d'un tel projet de licenciements tout en reconnaissant celle d'« études pour optimiser l'outil industriel, dont les salariés seront les premiers informés ».

Eux ont vite compris qu'ils étaient justement les derniers informés. Et ce qu'ils découvrent peu à peu par le bouche à oreille, dans l'entreprise ou au détour de quelques phrases sibyllines dans la presse, achève de les scandaliser.

Ils apprennent en effet après coup que l'histoire de ce mail ne date pas de la veille mais de six mois plus tôt. Son auteur, un cadre chargé du dossier « Réindustrialisation mondiale », l'adresse alors à son supérieur des ressources humaines chez Danone, Jean-René Buisson.

Question y est posée du timing de la réorganisation du pôle biscuits, présentée comme la branche la moins performante du groupe, ainsi que du nom des usines condamnées.

Mais en cet été 2000, le DRH préfère encore garder quelque temps cette note sous le coude. Le chantier du moment est au rachat d'Heudebert et les élections municipales approchent.

Ce serait une erreur stratégique que de révéler trop tôt le chantier du biscuit.

Ainsi donc tout était prévu, et de longue date. C'est du moins, malgré le mystère qui demeure sur l'origine de la fuite du Monde*, la conviction de nombreux élus, d'une grande partie de l'opinion publique et bien sûr des salariés.*

Se sentent particulièrement visés par le plan

qui aurait été nommé « Record » ou « Optimum », les ouvriers de Calais et d'Evry. Dans le groupe Danone, les deux usines sont connues pour compter de fortes têtes parmi les ouvriers. De là à ce que le choix des restructurations se porte logiquement sur les moins dociles, il n'y a qu'un pas. En quelques heures, quatre mille salariés de LU partout en France abandonnent pétrins et postes de travail.

Vendredi 12 janvier 2001

L'équipe de nuit ne prend pas le travail et s'interroge. L'espoir est encore là, mais nous n'avons toujours aucune nouvelle de la rue de Téhéran, le siège de Danone à Paris.

Au service médical, les réactions fusent : « Ils ne peuvent pas nous faire ça à *nous* ! Danone est un groupe "social", on ne nous laissera pas tomber ! » Les salariés viennent à l'infirmerie vider la boîte de bonbons qui, avec les années, a succédé aux petits gâteaux sur la table de la salle d'attente. Ils tournent en rond, je les laisse faire, je ne demande rien.

Les médias s'emparent de l'affaire et mettent l'accent sur les bénéfices du groupe, les syndicats enfoncent le clou dans toutes les émissions radio et télé qui leur donnent la parole.

Courant positif dans l'opinion, les P'tits Lus sont sympathiques.

Les maires des communes sur lesquelles se sont installées les usines LU créent une coordination à l'initiative de Thierry Mandon, le maire de Ris-Orangis.

De nombreux collègues s'accrochent à l'idée qu'on ne peut fermer une usine moderne.

Pourquoi moderne ? Mais parce que les dirigeants et les ouvriers ont depuis des années travaillé ensemble à l'amélioration des machines, que l'usine a été entièrement repeinte il y a deux ans à peine, que les bureaux ont été refaits, que l'infirmerie est toute neuve.

Une usine qui ferme, en général, on ne la modernise pas, on ne la repeint pas !

Surtout, lors d'une grande réunion des cadres en l'an 2000 au centre de congrès proche de l'usine, le directeur nous a présenté à grand renfort de diapositives et de transparents un ambitieux projet intitulé « Evry 2005 ». Au programme, les perspectives d'évolution et de mise en place de nouveaux produits, des améliorations dans les systèmes de management...

J'avais intégré un groupe de travail de cinq personnes d'unités différentes. Nous devions plancher ensemble, partager nos expériences et faire des propositions pour améliorer la communication entre les services de l'entreprise.

Un rendez-vous pour présenter nos axes de réflexion fut pris pour la fin du premier semestre 2000. Mais au bout de quelques semaines, les réunions s'espaçaient, plus personne n'y faisait allusion. Le projet s'est essoufflé. Était-ce un signe avant-coureur de la cessation d'activité de l'usine ? Personne à l'époque n'y a pensé.

À présent, mon infirmerie ne ressemble plus à ce qu'elle était jusque-là, une bulle paisible où chaque visiteur savait qu'il y serait écouté. Car je n'ai plus une minute pour me poser tranquillement avec l'un ou l'autre. Je suis complètement débordée et la salle d'attente du service médical ne désemplit pas. Ce matin, il n'est plus question de renseignements sur des vaccinations mais de rafales de questions sur notre avenir. Je fais le maximum pour me rendre disponible et faire preuve de calme. Mais je parviens à peine à canaliser les émotions des salariés qui viennent sous mon toit chercher refuge. Je n'ai pas le temps de penser à moi, l'urgence est de calmer ceux qui perdent pied.

La pression est d'autant plus forte que le directeur de l'usine se décharge sur moi. Il conseille à tous les salariés de passer au service médical s'ils ne se sentent pas bien. C'est pourtant à lui d'être en première ligne et de répondre à leurs interrogations ! Mais je n'arrive pas à lui en vouloir car je le sens totalement perdu lui-aussi. Il n'y a plus de capitaine dans le navire.

Ce vendredi, il réunit l'encadrement et demande que l'on transmette un message à tous les employés du site via les chefs d'équipe dans les ateliers. Ceux qui le veulent peuvent rentrer chez eux. Que faire d'autre d'ailleurs puisque l'usine n'a toujours pas repris son activité ?

À la maison, le soir, mon mari n'ose encore pas aborder le sujet. Je ne sais pas au fond de moi si j'aimerais qu'il m'en parle ou si je ferais mieux d'aller me recroqueviller sous ma couette. J'ai comme un trop-plein d'émotions qui ne s'évacue pas. Et ce téléphone qui n'arrête pas de sonner ! Les coups de fil des amis qui ont lu la presse et s'inquiètent maintenant pour moi. Je sens que mes enfants et mon mari commencent à saturer, eux aussi.

J'hésite à leur parler de cette angoisse qui monte en moi sournoisement, comme si le fait de leur confier ma fragilité pouvait mettre en péril l'équilibre familial.

J'apprendrai plus tard que ce week-end-là, nombre de mes collègues ont également eu peur d'affronter les questions de la famille et des amis sur une situation encore bien incompréhensible, presque irréelle.

Nous avons quarante-huit heures pour nous repasser intérieurement le film des derniers jours. Tous nos projets sont chamboulés, impossible même de s'évader en allant au cinéma ou se balader dans les bois. Impossible de penser à autre chose qu'à cette menace qui plane sur nos têtes.

Samedi et dimanche, personne ne décroche plus son téléphone, nous restons tous repliés sur nous-mêmes. Sonnés.

Lundi 15 janvier 2001

Les employés n'ont pas trouvé le sommeil, il faut voir leurs visages ! Défaits !

Ce matin encore la salle d'attente est comble. Je prends sur moi, avec la sensation de me jeter dans une mêlée.

Chez les salariés, c'est maintenant un immense sentiment de frustration qui domine. Ils me disent souffrir de n'avoir pu annoncer eux-mêmes la mauvaise nouvelle à leurs familles, leurs amis, tranquillement, par petites touches.

Je me sens comme eux dépossédée d'un passage essentiel de ma vie, avec l'impression qu'on a pénétré par effraction dans mon intimité, qu'on a retourné tous les tiroirs et mis à sac mon jardin secret.

Tout aurait été moins brutal, moins humiliant si nous avions eu le choix du moment ou des mots pour parler à nos proches. Mais là, nous avons été jetés en pâture à la France entière par la presse, la radio et la télévision. Nous n'avions pas confirmation du sérieux de la nouvelle qu'elle faisait le soir même la une des journaux nationaux de 20 heures !

La violence de ce qui est déballé sur la place publique est à la mesure de la souillure dont on fait l'objet. Nous, les salariés, prenons conscience que nous sommes quantité négligeable pour nos dirigeants, ceux qui nous emploient depuis des années.

C'était quand même la moindre des choses qu'ils nous avertissent eux-mêmes, le moindre respect. Quelle lâcheté, taire qu'on va fermer la boutique !

Face au mur du silence de nos patrons, une question revient sans cesse sur toutes les lèvres, obsédante. Comment *Le Monde* a-t-il eu vent de ce projet de fermeture du site ? Comme toujours, l'absence de communication fait le lit de la rumeur. Celle qui court invoque une fuite organisée par la direction pour ne pas avoir à annoncer elle-même la nouvelle.

Je ne sais pas quoi en penser, mais si c'est le cas, c'est machiavélique.

Mardi 16 janvier 2001

L'usine ne redémarre pas, tous les journaux parlent de nous alors que nous n'avons toujours aucune information de notre direction.

Il n'est pas question de grève ; personne ne se précipite d'ailleurs sur les syndicats pour réclamer un mot d'ordre. L'arrêt de la production s'est fait sans consignes, spontanément. Lorsque les ouvriers ont cessé le travail, ils ont rangé leurs postes, tout était propre. Il est juste resté un peu de pâte à biscuit dans les machines.

Malgré la solidarité qui nous lie, nous ressentons une grande solitude. Nous n'arrivons pas à nous apaiser, les nuits sont courtes, consacrées à retourner les choses dans tous les sens.

Corinne et Josette, deux ouvrières à l'emballage, sont venues me confier ce matin que ces deux derniers jours avaient été plus que tendus à la maison. L'une vit seule avec ses deux enfants, l'autre avec son mari au chômage. Elles craignent de ne pas tenir le coup et ne se quittent pas.

Je leur répète que ma porte leur est ouverte. Qu'elles peuvent rester chez elles quelques jours si elles se sentent sur le point de craquer. Elles me répondent que ce serait pire de tourner en rond à la maison, d'avoir à affronter les questions et les regards des voisins.

Je me sens pour ma part soutenue par les miens. Hier soir mon mari m'a rassurée, si je perds mon travail, ça ne sera pas un drame à la maison. Du coup, je n'ai pas l'impression d'être rejetée, que ma vie va basculer. J'appréhende moins le fait de me retrouver au chômage, alors que pour tant d'autres, c'est la honte.

« Je suis licencié(e) » est une phrase difficile à prononcer.

Je continue d'écrire tous les jours, en espérant trouver dans mon journal un moyen de me soulager.

Ce moment d'isolement quotidien dans mon infirmerie me redonne des forces, il me permet aussi de réfléchir et de conserver ma lucidité. Je reste persuadée que LU n'est pas obligé de fermer mon usine, ça non. Je peux comprendre qu'on ferme une entreprise en faillite ou en grande difficulté, mais cela n'est pas notre cas. La meilleure preuve en est que nos dirigeants ont été jusque-là incapables de justifier leur projet devant les salariés.

Chapitre II

MON VILLAGE D'IRRÉDUCTIBLES

À peine dix jours ont passé depuis la révélation du Monde *que les premiers slogans fusent : « Ouvriers rentables, ouvriers jetables ! »*

Le contexte politique, discussion du projet de loi de modernisation sociale et préparation des municipales, donne à la rébellion des P'tits Lus un écho particulier. Et relance le débat sur la mondialisation libérale.

La solidarité gagne tout le pays. Un sondage CSA réalisé en janvier 2001 révèle que 85 % des Français soutiennent les actions des salariés de Danone.

Les marchés financiers, quant à eux, applaudissent et encouragent le groupe à « nettoyer son portefeuille ». En clair, il faut réduire les coûts pour se concentrer sur un nombre plus réduit de marques, les plus connues, ce qui permettra d'optimiser les bénéfices. « Une problématique purement industrielle » présentée comme telle et assumée par Franck Riboud en comité de groupe. À peine deux semaines après le début de l'affaire, les comptes ne sont pourtant pas simples à commenter. Car avec un chiffre d'affaires de 14,2 milliards d'euros, Danone s'inscrit dans le haut de la fourchette de ses estimations.

Véritable exercice de style qui voit un grand patron soucieux de rassurer ses actionnaires, tout en devant ménager son enthousiasme (« l'exercice à venir devrait être plus tendu ») pour justifier les restructurations à venir.

Danone la sociale, image héritée de M. Riboud père, serait-elle gangrenée par les as de la finance et du marketing ?

La question est sur toutes les lèvres, tandis qu'à travers la presse et dans l'opinion publique, le combat des P'tits Lus devient le symbole de la lutte contre le cynisme et la toute-puissance du patronat.

Franck Riboud a beau tenter de calmer le jeu et affirmer sur son site Internet sa « conviction que les entreprises qui réussiront dans le siècle qui s'ouvre, comme la nôtre, placent l'homme au cœur de leur démarche[1] *», rien n'y fait.*

Pour l'heure, toute contre-attaque reste vaine, le patron de Danone a perdu la première manche.

Après la bataille de la communication vient celle des chiffres.

Les élus du comité central d'entreprise ont en effet mandaté un cabinet d'expertise, la SOGEX,

1. Site Internet Danone.

pour réaliser un audit sur le projet de réorganisation industrielle.

Un rapport de plus de cent pages met à mal les arguments de la direction.

Plus précisément, il établit qu'en 2000, c'est-à-dire à la veille de toute annonce, LU-France réalisait 19 % des tonnages vendus par le pôle biscuits dans le monde, mais 32 % du chiffre d'affaires net du pôle mondial et 45 % du résultat net de ce pôle.

Par ailleurs, il indique que « la rentabilité du pôle biscuits continue à progresser, et [que] cette progression est même supérieure à celle enregistrée par les deux autres pôles prioritaires du groupe Danone, les produits laitiers frais et les eaux minérales[1] *».*

Il conclut en affirmant que le chiffre d'affaires réalisé en France par salarié est supérieur de 65 % à celui des autres filiales en Europe, et de 500 % à celui des autres filiales dans le monde.

L'expertise économique de la SOGEX ne laisse apparemment place à aucune interprétation. Les Lus d'Evry tiennent là une arme de poids pour court-circuiter une éventuelle fermeture d'usine.

C'est du moins ce qu'ils croient, convaincus de la justesse de leur combat contre ce que l'on appelle désormais les « licenciements boursiers ».

1. Expertise SOGEX, 15 septembre 2001.

Mercredi 17 janvier 2001

Les journaux parlent de nous, les politiques parlent de nous, Claire Chazal parle de nous. Et toujours ce mutisme extraordinaire de la part des dirigeants du groupe. Le directeur de l'usine, lui, nous promet des explications, très vite !

Les pâtissiers fabriquent des banderoles, on se prépare pour notre première manif.

Le ciel vient de nous tomber sur la tête mais je sens naître dans l'usine un souffle de résistance et de liberté. Étrange paradoxe. On improvise des tribunes libres dans les salles de pause ; entre les chefs et les employés, les rapports de hiérarchie ont disparu. Les contremaîtres n'osent pas demander aux ouvriers de retourner à leurs postes de travail !

Beaucoup prennent des libertés qu'ils n'ont jamais prises auparavant. Mon émotion est intense lorsque je vois s'exprimer en public des femmes, des ouvrières qui jamais de leur vie n'en ont eu l'occasion. Elles osent maintenant poser des questions, parlent de leurs enfants : « Comment allons-nous faire, qu'allons-nous devenir ? » L'autre jour, à l'heure du déjeuner au restaurant d'entreprise, Martine a apostrophé des employés des bureaux, qui hésitaient à venir s'asseoir à côté d'elle, en leur assurant qu'elle n'était pas pestiférée. Le petit groupe s'est regardé, gêné. Il est vrai que les personnels administratifs continuent à travailler alors que nous sommes en grève depuis près d'une semaine. L'intervention de Martine a été saluée par des applaudissements spontanés. Dans la foulée, d'autres ouvrières ont pris la parole en criant à qui voulait les entendre qu'elles ne se laisseraient pas écraser par le rouleau compresseur Danone. Nouveaux applaudissements.

Je vois de nombreux ouvriers se découvrir une toute nouvelle assurance. Jusqu'à présent, personne n'avait contesté le fait qu'au cours des réunions publiques il n'y ait que les délégués du personnel et les cadres qui interviennent.

Mais depuis le coup d'éclat de Martine, les rôles se sont inversés. Elle a ouvert une brèche dans le rapport de force et prouvé que les ouvriers eux aussi avaient la faculté de s'exprimer.

J'ai vécu cette scène comme une remise en cause de certains privilèges et une sorte de rupture avec le paternalisme d'antan. Il devient maintenant possible, et pas seulement pour les représentants syndicaux, de contester les décisions du patron.

Face à cette menace sur nos emplois, les salariés ont besoin de parler du passé, avec nostalgie, mais pas seulement, avec fierté aussi : « On est des Belin, pas des LU »... Alors qu'en fait on est LU depuis longtemps, déjà dix ans !

Je sens poindre un sursaut identitaire fort. Est-ce que cela nous fait avancer ? Peu importe, du moment que cela nous apaise.

Preuve de notre solidarité, une intersyndicale CGT, FO, CFDT, CFTC, CGC, s'est très vite constituée ; elle n'a de cesse d'interroger la direction, qui ne communique toujours pas.

Les gens restent soudés, la colère grandit.

Un appel à une « journée morte chez LU » est lancé, les téléphones fonctionnent à plein régime d'une région à l'autre, on « monte les barricades ». Les représentants syndicaux ne comptent ni leurs heures ni leur courage. Ils appellent les usines d'Evry, de Calais, de Château-Thierry à un arrêt total demain jeudi 18 janvier.

Les camarades de Cestas en Gironde, La Haye-Fouassière près de Nantes, Toulouse promettent de nous soutenir pour exiger le maintien de nos sites de production.

Une grande manifestation devant le siège de Danone à Paris s'organise et les tracts en préparation expriment notre colère et notre dégoût : « Danone, Riboud, fossoyeurs ! »

La presse fait le rapprochement entre nous et les ouvriers de chez Michelin, licenciés il y a quelques mois.

Même méthode, mêmes raisons, générer toujours plus de profit.

Nos dirigeants ne nous parlent pas, mais nous, nous parlons d'eux. Les syndicats fustigent la direction des ressources humaines de Danone, soupçonnée de mener cette opération de casse. D'ailleurs à la sortie de l'usine où l'on nous distribue des tracts, il se murmure que le DRH n'a pas laissé que de bons souvenirs aux salariés de Kronenbourg, où il occupait il y a quelques années la fonction d'administrateur directeur général.

Pas de quoi nous rassurer.

Sept usines en France seraient donc menacées : Evry, Calais, Château-Thierry et Jussy, Charleville, Besançon et Toulouse, mille sept cents emplois au total.

Les élus locaux concernés se montrent eux aussi inquiets... et furieux.

Dans une lettre adressée aux habitants de sa commune le 16 janvier, le maire de Ris-Orangis indiquait avoir « rencontré la direction du groupe Danone pour lui faire part de [son] opposition totale à ce projet ». Thierry Mandon a immédiatement constitué un « comité de liaison avec les maires des communes de l'Essonne dans lesquelles vivent les salariés du groupe » et s'est rapproché de l'intersyndicale pour contrecarrer le plan de restructuration qualifié « d'aberration ».

Les maires des sept villes touchées manifesteront à nos côtés demain. Ils confirment partout dans les journaux leur désagréable impression d'être manipulés, faisant allusion aux vingt millions de francs votés par le conseil régional d'Île-de-France pour aider Danone à installer son centre de recherche sur le site de Palaiseau-Saclay-Massy.

Il est en effet courant en France que les régions apportent ainsi une contribution financière à des projets d'entreprises. En contrepartie, celles-ci créent de l'emploi et rapportent aux communes des taxes professionnelles.

Les élus de l'Essonne ne digèrent pas que des subventions publiques puissent être versées à une entreprise privée qui licencie.

L'appétit des multinationales n'a décidément pas de limites et leurs dirigeants peu de scrupules.

À la mobilisation des élus du peuple, Jean-René Buisson répond aussitôt par courrier. Noir sur blanc, il confirme qu'une étude sur la rationalisation des produits et des lignes de production en Europe est effectivement en cours, mais qu'aucune décision n'a été prise à ce jour. Personne n'est dupe de la duplicité de ces écrits.

Jeudi 18 janvier 2001

Ensemble, tous ensemble, nous voulons faire entendre notre voix et sauver notre usine.

Ensemble, nous montons dans les bus, direction la rue de Téhéran à Paris. Objectif : Danone.

Il fait beau et froid. Nous sommes très surpris par l'attitude de notre directeur d'usine. Accompagné de quelques cadres, il nous fait des gestes d'encouragement, des grands « au revoir ». Je n'ai encore jamais vu un directeur d'usine encourager son personnel à aller protester dans la rue. C'est le monde à l'envers, et une première pour beaucoup de salariés qui n'ont jamais manifesté.

Évidemment, je ne peux m'empêcher de repenser à ma toute première manif, le 13 mai 1968, à mon envie d'alors de changer le monde !

À Paris, les bus nous déposent près des grands boulevards, fermés à la circulation par les forces de police. Quelques automobilistes râlent et klaxonnent. Nous envahissons la rue. Les pancartes et les banderoles se déploient et un cortège s'organise derrière les représentants syndicaux.

Nous faisons connaissance avec des salariés venus de province, c'est la première fois que toutes les usines du groupe se rencontrent. Nous sommes tous inquiets mais il règne une chaleur et une solidarité extraordinaires. Les micros circulent et chacun y va de ses questions. Coup réussi pour les syndicats, chapeau !

Maintenant, les badauds applaudissent notre défilé, nos chansons et slogans contre les licenciements et contre la politique des profits.

Je nous sens portés par le regard des Parisiens et par cette longue et exceptionnelle chaîne de solidarité entre les usines.

Tout le personnel d'Evry est là avec une grande partie de son personnel d'encadrement. Tout n'est peut-être pas perdu.

Une délégation de salariés est finalement reçue par la direction de Danone. À leur retour, leurs visages sont fermés, à la mesure de l'élan qui nous portait ce matin : nous ne saurons rien avant la fin du mois de mars.

Il nous faudra donc attendre presque trois mois avant de savoir quel site ferme et nous contenter de ce courageux communiqué remis à nos délégués : « Oui, effectivement, on y réfléchit. Il n'y a pas de décision arrêtée sur les usines qui vont fermer... Ce n'est pas dramatique ! »

Notre enthousiasme redescend d'un cran, nous attendions tellement une réponse définitive aujourd'hui et il nous faut rebrousser chemin, bredouilles.

Nous repartons chacun vers nos usines, tristes et amers.

Dans les bus, les journalistes présents tentent bien de nous solliciter et d'enregistrer des réactions à chaud mais le cœur n'y est plus.

Enfoncée dans mon siège, je pense au communiqué... « Pas dramatique » dit-il. Comment peut-on faire preuve d'un tel cynisme ?

Après la lecture de l'article du *Monde* le 10 janvier, nous venons de recevoir une deuxième baffe.

Lundi 22 janvier 2001

Au service médical, les crises de nerfs se multiplient, les demandes de médicaments se font de plus en plus pressantes. La liste d'arrêts maladie que m'envoie chaque jour le service du personnel s'allonge. Cet accroissement du nombre de salariés qui « décrochent » est un signal d'alerte. J'en informe la direction, qui semble toujours aussi démunie et peu informée par le siège parisien de Danone.

Mon travail est en train de prendre une nouvelle orientation dramatique car les alertes cardio-vasculaires augmentent et mon stress avec. J'ai peur de passer à côté d'une vraie urgence cardiaque.

Je me sens mal, très mal. Et mon statut de personnel d'encadrement ne me réconforte nullement.

Je ne vois d'ailleurs pas pourquoi nous, les agents de maîtrise et les cadres, devrions nous sentir protégés, à l'abri. Pourquoi nous devrions laisser monter les ouvriers seuls au feu quand cela fait vingt ans qu'on se côtoie et que l'on s'épaule.

Je continue de recevoir leurs confidences toute la journée et je ne cherche même pas à les rassurer, ce serait malhonnête de ma part... puisque je ne sais rien.

Bien difficile de faire le point dans ce climat où information et désinformation fusent de toutes parts, via les tracts, les réunions, les émissions de radio et de télévision.

Je crois pouvoir dire que nous avons tous perdu confiance en nos dirigeants ; ils peuvent maintenant dire ce qu'ils veulent, on n'y croit plus.

Jeudi 25 janvier 2001

Nouvelle manifestation prévue à Paris... À 8 h 30, le directeur s'assure que les bus sont bien prêts au départ. Depuis quelques jours, je m'interroge sur son comportement, attentif aux salariés, mais soucieux que le travail se poursuive. Je n'arrive pas à croire qu'il soit laissé lui-même dans l'incertitude.

Nous ne sommes cette fois qu'une dizaine de l'encadrement à partir au lieu d'une soixantaine la fois dernière.

Le patron n'a pas protesté contre cette deuxième manifestation, je pense même qu'il aimerait nous accompagner ! Sur le parking de l'usine, il plaisante avec les chauffeurs, les abreuve de conseils et prête même son concours pour rouler les affiches et les banderoles, afin que tout le matériel arrive en bon état au siège.

Je n'en reviens pas de le voir vérifier si les ouvriers partent bien couverts et si j'ai bien pensé à prendre ma trousse à pharmacie, nous donner des Pépito® et des Chipster® à distribuer aux CRS et aux badauds ! L'hygiaphone a même été prêté par le service sécurité de l'usine.

Et je ne suis pas au bout de mes surprises. Au retour, le même directeur nous accueille avec un goûter – chocolat chaud, café, viennoiseries – au restaurant de l'usine.

Une journée pas comme les autres.

D'autant plus que notre P-DG, Franck Riboud, sort enfin de son silence, pas pour s'adresser à nous, mais au *Figaro*, à qui il accorde une interview dont les photocopies circulent de mains en mains.

Le grand patron y fait d'abord part de « sa

consternation » à la lecture d'articles qui depuis quinze jours soulignent que « Danone a perdu son image, ne pense qu'à son cours de Bourse [et que] les salariés ne comptent plus [1] ».

Je pense que ce monsieur se moque de nous.

Je relis son interview attentivement : « Hypothèses de travail... Aucun plan n'est finalisé... Nous ne pouvons laisser les salariés dans l'incertitude... Nous voulons être irréprochables dans les solutions proposées. »

Voilà pour la forme, mais le fond de l'entretien laisse peu de place au doute. M. Riboud y développe son analyse du contexte industriel et concurrentiel, dont j'ai surtout retenu la répétition d'expressions telles que « rester compétitifs » ou « les actionnaires ont le droit de faire entendre leur avis [2] ».

Lundi 29 janvier 2001

Tous les ateliers ont repris le travail depuis dix jours, au retour de la première grande manifestation à Paris. Mais la résistance continue. Il y a ce que l'on appelle des grèves « perlées » ; pendant deux heures, les pétrins s'arrêtent, puis les fours, à leur tour deux heures... Du coup, rien ne cuit, et aucun biscuit ne sort ; ainsi privées ponctuellement de quelques postes, les lignes de fabrication sont stoppées. Toute la chaîne est bloquée, mais l'alternance des arrêts permet aux ouvriers de déclarer

1. *Le Figaro*, 25 janvier 2001.
2. *Ibid.*

moins de temps de grève et donc de perdre moins d'argent sur leur fiche de paie à la fin du mois.

Pendant ce temps, sur le site, les accrochages entre salariés se multiplient. Je constate, et c'est nouveau, une montée du doute accompagnée de divisions entre ceux qui veulent encore se battre pour sauver l'usine et ceux qui commencent à faire marche arrière. « À quoi bon ? » me confie-t-on entre les murs de mon infirmerie, tandis que dans les ateliers des discussions s'enveniment, mêlant grévistes, non-grévistes, intérimaires, indécis et cadres à qui il revient de faire tourner l'usine. Bien difficile de continuer à produire nos bons biscuits !

Martine s'emporte quand elle constate que sa machine n'est pas approvisionnée en papier et en carton. Elle appelle le cariste qui ne viendra pas car il est en grève et se trouve en salle de pause. Elle hurle que ça ne sert à rien et les insultes fusent de part et d'autre.

Les intérimaires, les pauvres, sont pris sous le feu de ces batailles rangées. Sale ambiance.

Et tout le monde fait ses comptes.

L'assistante sociale en est le premier témoin. En poste ici depuis deux ans, elle croule sous les dossiers d'endettement. Ses deux vacations hebdomadaires ne suffisent plus à satisfaire les demandes de rendez-vous des personnels en difficulté. Pour pallier son manque de temps, nous tentons elle et moi de faire le point le plus souvent possible et nous mettons toutes nos informations en commun.

Lorsqu'elle est là, c'est le défilé permanent dans son bureau. Les salariés comptent sur ses conseils financiers et familiaux. Et moi je porte une attention redoublée aux personnes qu'elle juge particulièrement plus fragiles et déstabilisées.

C'est une bonne chose de se partager ainsi le travail, et je me sens plus utile en considérant le patient dans son environnement.

Et le travail ne manque pas !

Car les banques refusent du jour au lendemain des prêts aux salariés, alors que certains d'entre eux nourrissent depuis plusieurs mois le projet d'acheter un pavillon ou une voiture. Évidemment, les banquiers aussi lisent la presse et regardent les journaux télévisés. Les P'tits Lus deviennent de mauvais investissements.

Se sentant brutalement rejetés, ils sont nombreux à fréquemment perdre le contrôle d'eux-mêmes. Violences verbales, disputes entre collègues, alors qu'ils sont parfois en poste côte à côte depuis dix ans. Dans les cités, il arrive qu'on ne s'adresse plus la parole entre voisins de palier.

Les salariés sont à cran, moi aussi.

L'absentéisme se fait de plus en plus important. Et le médecin en titre avec qui je travaille depuis quatre ans vient d'obtenir une mutation, attendue de longue date.

On ne va quand même pas vider un service médical dans un moment pareil ! Trente à quarante personnes viennent ici chaque jour. C'est comme si on virait les vendeuses au moment des soldes !

Nous décidons avec l'assistante sociale d'informer le chef du personnel de la dégradation de la situation et d'user de ce que l'on appelle un « droit d'alerte ». Une lettre que nous cosignons avertit donc notre direction des risques qu'elle prend à laisser un service médical sans médecin et avec des heures de vacation d'assistance sociale insuffisantes. Devant notre demande pressante, un nouveau médecin est engagé, qui ne peut nous aider qu'une heure tous les deux jours. Je n'en reviens pas des moyens squelettiques donnés à une usine en pleine crise !

Lundi 15 février 2001

Après les jours de grève ou d'arrêts maladie, la reprise du travail m'apparaît comme un remède efficace à l'angoisse des salariés. En respectant leur colère, je tente aussi de les convaincre avec délicatesse que l'amour de leur métier est sans doute intact et qu'en s'y accrochant ils iront moins mal. Raisonnement que je m'applique d'ailleurs à moi-même.

Lorsque les ouvriers recommencent à produire, il est touchant de voir qu'ils y mettent tout leur cœur, se persuadant qu'en continuant à fabriquer de beaux biscuits, ils empêcheront l'usine de fermer.

Mais je demeure effrayée par les réactions de certains. Comme Marc qui a voulu tout casser dans l'usine ; une dizaine de salariés n'étaient pas loin de lui emboîter le pas. Ou encore Céline qui, par crainte d'avoir à déménager en province pour retrouver du travail, menace régulièrement de se suicider.

De toutes ces douleurs dont je suis un témoin, une me serre plus particulièrement le cœur : la fin de certaines histoires d'amour. Plus d'un quart des ouvriers de l'usine y travaillent en couple et nombre d'entre eux sont en train d'exploser. L'un veut faire grève, l'autre pas, et ils rapportent leur discorde à la maison. Comme c'est cruel et injuste de payer de la sorte les décisions arbitraires d'un patron.

Heureusement, il y a aussi de vrais moments de chaleur entre nous tous, des manifestations où je nous sens faire bloc, où je nous sens forts. C'est à celui qui inventera le slogan le plus percutant à reprendre en cœur pour continuer d'occuper la scène médiatique :

« DaNONe, la Bourse contre notre vie »

« DaNONe veut le beurre, l'argent du beurre et la peau des travailleurs »

« 1 milliard de profits = des centaines de chômeurs, HUMM DANONE ! »

Jeudi 29 mars 2001

La nuit dernière a été courte pour le personnel de toutes les usines du groupe. Car c'est aujourd'hui que nous allons savoir.

Partout en France, des centaines de salariés de Danone attendent de connaître les noms des sites qui vont fermer. À Evry, chacun a son idée sur le sujet et ce matin à l'infirmerie, la tendance était plutôt à l'optimisme.

À midi, l'usine s'arrête, et dans les salles de pause l'attente dure. C'est au restaurant d'entreprise plein à craquer que l'annonce doit nous être faite.

Une nouvelle qui tombe comme un couperet : Evry et Calais fermeront à l'horizon 2003-2004.

Pour nous tous, c'est la consternation. Une gigantesque claque collective qui s'exprime d'abord par un brutal et pesant silence. Rapidement suivi de pleurs et de hurlements. Ceux qui y croyaient encore restent vissés à leurs chaises, d'autres courent vers la sortie. Le service médical est à nouveau envahi de cris et de coups de gueule.

Les termes de « réorganisation industrielle », « plan de restructuration » ne passent pas. On ne retient qu'un mot : « fermeture ».

De manière plus générale, le groupe annonce mille huit cent seize suppressions d'emplois en Europe dans sa division la moins rentable, celle des biscuits, soit 12 % de l'effectif. La restructuration prévoit « des plans d'action individuels » pour recaser les salariés (promesse d'au moins deux offres d'emploi externes pour ceux qui ne seront pas reclassés en interne) et des « contrats de territoire » pour réindustrialiser les zones touchées.

On apprend dans la presse que ce dispositif coûtera cher, deux cent quarante-quatre millions d'euros et aussi que cette fin de semaine, l'action Danone a clôturé en baisse.

L'usine s'arrête à nouveau, la direction se terre... mais le plus scandaleux reste à venir.

Car la nuit suivante, le directeur des ressources humaines quitte l'usine en pleine nuit. Il a fait ses valises, déménagé ses bureaux sur un autre site, à Athis-Mons, et laissé quatre cents personnes plantées là !

J'apprends la nouvelle de la bouche d'un agent de sécurité le matin à mon arrivée.

Avant de filer en douce, le DRH a même embauché des vigiles, qui gardent les issues de l'usine et filtrent les entrées et sorties au poste de garde. Il y en a même un en face de la porte du service médical !

Une immense colère monte en moi contre ce directeur des ressources humaines qui n'a pas eu le courage de venir débattre avec ses salariés.

Comment ne pas se sentir abandonnés, trahis ?

Comment traite-t-on des employés qui jamais n'ont endommagé l'outil de travail, jamais ne se sont bagarrés avec les CRS, jamais n'ont même tagué les murs de l'usine avec leurs slogans ?

Notre direction nous prend donc pour des terroristes ! Et notre lieu de travail est désormais sous surveillance quasi policière ; à l'entrée des vestiaires et aux portes de l'usine, pour gagner le lieu où je prends mon courrier, tous les jours, partout, il faut montrer son badge aux vigiles. Jamais je n'ai vu cela. Et c'est plus que le personnel ne peut en supporter.

Malgré leur colère, les ouvriers ne cassent rien et continuent de travailler, mais le cœur n'y est plus. « Pourquoi ne nous a-t-on pas parlé ? Nous ne sommes ni violents ni abrutis. On nous vole tout, l'annonce de la fermeture chez soi à la famille et le droit de discuter avec les patrons. »

Comment ne pas être révoltée lorsque je lis ensuite dans la presse que mon patron, Monsieur Franck Riboud, se vante d'être « le garant du modèle social de Danone [1] » ?

1. *Le Figaro*, 25 janvier 2001.

Chapitre III

JE BOYCOTTE DANONE !

Depuis l'annonce du plan social le 28 mars 2001 devant le comité de groupe européen à Genève, l'usine LU est entrée en résistance contre la fermeture annoncée d'ici trois ans. Les syndicats, encore unis, ont organisé des grèves tournantes et la bataille juridique a commencé.

D'un côté, les élus du personnel ont déposé une plainte pour délit d'entrave au comité d'entreprise (au regard de la loi, c'est cette instance qui doit être avertie la première par tout chef d'entreprise qui prévoit une restructuration). De l'autre, la direction a assigné quatre délégués de Calais, l'autre usine qui doit fermer, pour occupation illégale du site.

Le combat se livre désormais sur deux fronts : les tribunaux et les médias.

Et il y a matière à nourrir le débat ! Car au moment où la direction de Danone confirme les licenciements, le groupe anglais Marks et Spencer annonce son retrait de France. Ses mille sept cents salariés apprennent ainsi par mail un matin que leurs emplois vont être supprimés. La méthode a de quoi surprendre, d'autant que l'enseigne britannique n'a pris la peine de prévenir ni les responsables politiques français ni les directeurs de ses dix-huit magasins condamnés.

Un axe de résistance LU-Marks et Spencer s'improvise alors, avec une grande manifestation commune contre la toute-puissance des actionnaires. Les salariés sont traumatisés et tous les sondages d'opinion donnent une immense majorité des Français solidaires.

La pression sociale s'accentue sur le gouvernement, la presse se fait l'écho des limites de son action. Car l'affaire des Lus, et le symbole qu'elle représente, vient allonger la liste déjà longue des plans sociaux. Philips, Sagem et Alcatel touchés par la crise du secteur technologique, André qui ferme cent dix magasins, Bull qui s'apprête à se séparer de mille huit cents salariés, Delphi qui ferme une usine de trois cents personnes, et encore Valeo, Usinor, puis bientôt Moulinex en dépôt de bilan, trois mille sept cents salariés sur le carreau.

Le gouvernement de Lionel Jospin, déjà sanctionné aux élections municipales, au cours desquelles la gauche a perdu à l'exception de Paris et Lyon la plupart des villes de France, traverse une passe décidément très délicate. Force est de constater en tout cas que l'amendement Michelin-Wolber débattu à l'Assemblée nationale fin 1999 est ineffi-

cace. Déposé par le parti communiste, il est né du scandale provoqué peu de temps avant par la suppression de sept mille cinq cents emplois après que Michelin a annoncé 20 % de bénéfices.

Cet amendement proposait de permettre au juge civil de connaître les causes économiques et sociales des plans sociaux et de mieux protéger les salariés en imposant aux entreprises d'étudier toutes les pistes, en particulier les trente-cinq heures, avant toute restructuration.

Mais en cette année 2001, les grands patrons n'ont donc que faire du législateur. Danone pas plus que les autres, qui maintient sa logique implacable.

Son P-DG, Franck Riboud, s'explique pour la première fois au journal télévisé de TF1 en mars 2001. L'homme est tendu mais il reste ferme : la compétition mondiale est féroce et « il ne faut pas attendre de faire des pertes pour prendre des décisions difficiles ». Dont acte.

Lundi 9 avril 2001

Franck Riboud adresse une lettre à tout son personnel. Encore une fois par l'intermédiaire du *Figaro*. Il souhaite nous expliquer le pourquoi de cette fermeture d'usine et parle de « brouhaha général ». Parler de « brouhaha » quand des centaines de vies basculent ! Les syndicats ripostent en organisant des forums et des manifestations. Certains salariés craquent, les arrêts maladie pleuvent de plus belle. Les débrayages se multiplient, l'usine est régulièrement arrêtée, les visages demeurent fermés.

Pour combattre la fermeture, nous les P'tits Lus avons, par la voix de notre comité d'entreprise, embauché un avocat.

Et pas n'importe lequel. Me Philippe Brun, spécialiste des plans sociaux, déjà victorieux il y a quelque temps contre Michelin (et sa filiale Wolber) et Total (et sa filiale Euridep) ; certes, ces sites demeurent fermés, mais les salariés ont obtenu cent cinquante mille euros d'indemnités chacun pour la perte de leur emploi.

Comme dans les deux précédentes procédures, Me Brun vient contester, au nom des Lus, la légitimité du plan social, bien décidé à démontrer l'absence de réels motifs économiques.

Ses plaidoiries sont autant de procès symboliques intentés aux patrons qui mettent à terre leurs petits salariés. David contre Goliath.

Pour la première fois, l'accusation se résume en un slogan : « Non aux licenciements boursiers ! »

Danone continue de promettre un projet « réaliste et à visage humain » et garde la même ligne de défense : « La concurrence avec Nabisco et Nestlé est impitoyable ; ils travaillent en grosses unités, donc plus rentables, nous n'avons pas le choix, il faut regrouper notre activité biscuits sur quelques sites, cesser l'éparpillement et donc fermer des usines... »

Après le départ du dirigeant en catimini, les syndicats mettent en garde le personnel. Conseil est donné aux salariés de ne pas se précipiter sur les propositions de la direction dont on dit qu'elle fait courir des bruits du genre : « Mais vous allez toucher cinquante patates, il n'y aura pas de problème, Danone ne vous laissera pas ! »

Ces promesses d'argent en font rêver certains, qui bâtissent des châteaux en Espagne.

Les réunions d'information se succèdent dans ce qu'on appelle « le bocal », à l'entrée de l'usine. L'ambiance y est studieuse car les ouvriers veulent absolument savoir comment va se passer la suite des événements.

C'est aussi l'occasion de discuter entre nous et d'apporter notre point de vue auprès des personnes qui nous représentent lors des réunions du comité d'entreprise.

Nous guettons la moindre nouvelle. Dans le même temps, il faut bien continuer à produire des biscuits. C'est une façon pour nous de rester actifs en attendant la suite. Puis il vaut mieux économiser nos forces pour l'avenir !

L'énergie pour travailler, nous la puisons dans la solidarité et la proximité nées des années Belin.

Mais un autre souffle nous porte aussi durant ce printemps 2001, celui des soutiens et sympathies exprimés par de nombreux Français. Il m'arrive alors de penser que Danone se rendra compte qu'il n'a pas choisi la bonne solution. Il m'arrive encore de rêver que le cours des choses pourrait s'inverser.

Mon espoir, et celui de beaucoup d'autres, est notamment porté par l'appel au boycott des produits Danone, lancé à Calais par les ouvriers de l'usine LU menacée de fermeture et le maire communiste de la ville.

Appel aussitôt relayé par d'autres élus et représentants syndicaux un peu partout en France. À Bègles, Noël Mamère prévient qu'il ne boit plus de Badoit, et le très libéral Alain Madelin appelle même Franck Riboud à faire preuve de « patriotisme industriel ».

À l'Assemblée nationale, les militants altermondialistes d'Attac interpellent les députés. Les Verts et les communistes apparaissent en tête du mouvement contestataire. Toutes les gauches se mobilisent.

Jour après jour, la liste des municipalités décrétant le boycott s'allonge ; la contestation passe par la distribution de tracts devant les supermarchés appelant les ménagères à « licencier Danone de leurs chariots », la suppression des produits Danone dans les cantines, les restaurants d'entreprise, les crèches...

Pour moi, à ce moment-là, tout se résume à ce slogan plutôt bien trouvé : « On se lève tous contre Danone. » Allusion à une ancienne campagne publicitaire pour un dessert chocolaté adoré des enfants.

Au journal télévisé, presque tous les soirs, les journalistes parlent de nous. Les consommateurs, interrogés aux caisses, sont partagés : certains se demandent « à quoi ça sert, ils sont trop puissants ! » ; d'autres participent au boycott, « c'est peut-être une goutte d'eau mais c'est symbolique ».

70 % des Français se disent pour l'heure favorables au boycott ; un sondage, paru dans *Le Journal du dimanche* fait le tour de l'usine en ce lundi d'avril. Il soulève des débats en salle de pause, les uns reprenant du poil de la bête, les autres persuadés que le boycott fait le jeu du patron, car en vendant moins de produits, on fera moins de bénéfices !

Or si l'entreprise perd de l'argent, nos dirigeants auront une occasion toute trouvée de dire qu'il faut restructurer.

Parfois je ne sais plus quoi penser, quoi faire, et je me sens si fatiguée. Je me dis qu'on nous aura, à l'usure...

Mais certains soirs, lorsque j'entends à la radio tous ces gens qui ne nous connaissent pas, lorsque je les vois à la télévision nous soutenir sans état d'âme, je me sens soulagée et remotivée. Je nous imagine moins seuls dans le combat.

Et je me convaincs alors que les puissants chasseurs de profit ne sont pas prêts de croquer les P'tits Lus !

Mercredi 4 juillet 2001

Dans ce combat du pot de fer contre le pot de terre, nos défenseurs viennent de perdre une bataille. En effet, « jeboycottedanone.com », site créé par un particulier pour protester contre le plan et qui a comptabilisé cinquante-cinq mille connexions en trois mois, est condamné. Danone a saisi le tribunal de grande instance de Paris pour atteinte au droit des marques et détournement de logo, et Danone a gagné... Cent trente mille euros de dommages et intérêts et frais divers.

Notre moral en prend un coup, car même si cette opération de boycott via Internet peut apparaître anecdotique, la décision rendue par la justice est révélatrice de la toute-puissance de nos dirigeants[1].

Que va-t-il rester de ce grand mouvement de solidarité autour de nous ? La satisfaction d'avoir compté dans le cœur de beaucoup de gens ? L'espoir que l'image de Danone ait été durablement ternie par la mobilisation ? Je me sens tellement

1. À l'heure où je relis mon journal, ce printemps 2004, je trouve que le sort est parfois cruel et que le temps a joué contre nous. Car si la presse a largement rapporté la condamnation de juillet 2001, il n'en a pas été de même pour une autre décision, en mai 2003, passée presque inaperçue ; l'association Réseau Voltaire, qui avait hébergé le site de boycott, a fait appel de la condamnation et... gagné. Danone a donc été débouté au nom de la liberté d'expression. Mais au moment de ce retournement en justice, notre usine venait de fermer.

maltraitée par mon entreprise à qui j'ai donné, et avec bonheur, tant d'années de ma vie.

Nous ne saurons jamais si le grand patron, Franck Riboud, héritier d'un empire agroalimentaire dont les valeurs sociales étaient le fer de lance, a douté, ne serait-ce qu'une seule fois.

A-t-il douté du bien fondé de son projet de restructuration ? A-t-il douté de la bonne gestion médiatique de cette affaire ? A-t-il douté de lui, ou de ses conseillers financiers ?

Franck Riboud ne nous a jamais parlé qu'à travers la presse, comme cette nouvelle fois au *Figaro*, en plein démarrage du boycott. « Cela suffit[1] ! », ainsi commençait l'entretien.

« Suffit », la cabale menée par des politiques en quête d'électorat, « suffit », les procès d'intention ; cette fois, le patron affichait sa colère : « Certains ont voulu faire de Danone un symbole, celui d'une économie mondialisée soumise aux seuls diktats des actionnaires. Nous sommes devenus les boucs émissaires d'un combat politique. Arrêtons de taper sur un champion national[2] ! »

Non, apparemment, Franck Riboud n'a pas douté, s'abritant derrière de terribles arguments : « Pensez-vous réellement que Nestlé, Unilever ou Pepsico soient plus "social" que Danone ? La réponse est bien évidemment non[3]. »

1. *Le Figaro*, 10 avril 2001.
2. *Ibid.*
3. *Ibid.*

Quelque temps après cette interview, le 29 mai 2001, le P-DG de Danone s'est présenté devant ses actionnaires réunis en assemblée générale à Paris pour expliquer sa stratégie et les rassurer sans doute. Oui l'année 2000 fut porteuse d'un « grand dynamisme », oui les capacités de rentabilité sont là, « 6,6 % de croissance organique des ventes au premier trimestre 2001 », mais oui il faut plus, toujours plus.

Et le grand patron de conclure, solennellement : « Nous ne laisserons personne seul devant son problème d'emploi. C'est notre engagement, nous le tiendrons comme nous l'avons toujours tenu. »

Je ne demande qu'à le croire.

Troisième partie

Nous sommes les dindons d'une mauvaise farce

Chapitre I

Diviser pour mieux régner

Les manifestations et opérations de boycott marquent un peu le pas. Non que le courant de sympathie autour des Lus faiblisse, mais les mois passant, une mobilisation maximum des salariés est difficile à tenir. À l'usine, chacun garde un œil sur sa fiche de paie et les jours de grève décomptés pèsent sur le moral des troupes, d'autant plus qu'aucun signe d'assouplissement n'est donné par Danone ; pas de remise en question de la fermeture, le plan social est en cours d'élaboration.

Franck Riboud a décidé de reprendre la main. À ses actionnaires réunis en assemblée générale le 29 mai 2001, il révèle sa nouvelle position : « On a peut-être été mauvais » reconnaît-il ainsi, lorsqu'ils l'interrogent sur sa stratégie de communication durant la crise. Son absence de la scène publique ? « Je suis plutôt ours. » Le patron a compris la leçon des derniers mois, et ce jour-là il coupe l'herbe sous le pied de ceux qui dans la salle pensaient monter au créneau.

Son DRH, Jean-René Buisson, reconnaît cette fois la baisse des ventes prétendue par les syndicats en avril, mais l'heure n'est plus à la polémique : « Nous sommes un groupe très jeune, cette crise nous a fait grandir. Nous referions cette opération qui est nécessaire, mais vraisemblablement nous regarderions mieux notre environnement. Nous ne sommes pas de grands spécialistes du lobbying, nous allons mieux nous organiser pour pallier cela[1]*. »*

L'objectif du moment est de rassurer les actionnaires et de couper court aux rumeurs d'autres fermetures. « Pas d'autres restructurations dans les années qui viennent... » affirme M. Buisson. Une réponse claire et nette, qu'il est prudent de lire jusqu'au bout : « ... si le marché du biscuit reste au niveau où il est et que nous atteignons un niveau de productivité satisfaisant[2]*. »*

Dans la foulée, Franck Riboud s'empresse d'apaiser son auditoire sur les conséquences du boycott ; il n'a pas eu d'effets sur les ventes mondiales et le chiffre d'affaires global de l'entreprise est « en croissance de 6,8 % par rapport à la même période l'année dernière ». Aucun chiffre n'est communiqué concernant strictement le territoire français, mais de source syndicale on apprend que les ventes de produits laitiers frais du groupe auraient baissé de 20 %.

---

1. *Le Monde*, 23 octobre 2001.
2. *Ibid.*

Ce mardi de mai, dans les salons feutrés du Carrousel du Louvre, les mille sept cents actionnaires de Danone sont rassurés. Pour Franck Riboud, c'est le plus important.

Il est maintenant temps de passer à la deuxième étape de la nouvelle stratégie de communication : minimiser la force syndicale. Jean-René Buisson s'attelle à la tâche au retour de l'été indiquant que l'unité syndicale n'existe plus[1]*. La CGT demande toujours le maintien total des sites de production et les autres syndicats (FO, CFDT, CGC, CFTC) veulent avancer sur le volet social.*

Mais les salariés de LU ne désarment pas et demandent aussi des comptes à leur direction sur la question de la sous-traitance. Ils ont en effet découvert qu'en 2000, plus de trente mille tonnes de biscuits ont été sous-traitées à un concurrent direct, United Biscuits, en Grande-Bretagne et dans les pays du nord de l'Europe. À la lumière de cette affaire, que le comité d'entreprise veut porter en justice, les syndicats soupçonnent LU de vouloir peu à peu vider l'usine de son activité. En organisant celle-ci ailleurs, il deviendrait facile de justifier la fermeture.

De tous côtés, le temps presse, et les enjeux du bras de fer qui se joue chez Danone dépassent de loin les murs de l'usine d'Evry.

1. *Le Monde*, 23 octobre 2001.

Le projet de loi de modernisation sociale déposé en mars 1999 par des députés communistes pour sauvegarder l'emploi a depuis le début de l'été fait la navette entre les deux chambres du Parlement. Après le Sénat, le voici donc à nouveau à l'Assemblée nationale, dans un contexte économique durci par les attentats du 11 septembre.

Cet automne 2001, le MEDEF fait pression pour enterrer le volet qui prévoit de sanctionner les entreprises qui pratiquent des licenciements économiques tout en réalisant des bénéfices. Par ailleurs, cinquante-six patrons adressent le 25 octobre un manifeste retentissant au Premier ministre Lionel Jospin pour réclamer une refonte de ce volet antilicenciements jugé « trop contraignant ». La pétition est publiée le jour même par le journal Les Échos. *Pour la première fois, les grands patrons s'affichent clairement dans le débat politique français.*

Parmi les grands noms du manifeste n'apparaît pas celui de Franck Riboud, sans doute un peu trop symbolique. Mais le lien entre l'affaire des P'tits Lus et la vivacité des échanges à l'Assemblée ne fait aucun doute.

La question des licenciements économiques relève-t-elle seulement des patrons ?

Les pouvoirs législatifs et judiciaires auront-ils un droit de regard sur les pratiques de l'entreprise ?

À n'en pas douter, ces deux questions ouvrent la campagne de la présidentielle.

Juin 2001

Une image perçue l'autre jour au journal de TF1 me revient : une carte de France localisant à l'aide de cercles les usines condamnées, comme des cibles de tir. Et au centre de l'une d'entre elles, nous.

Chômeurs avant l'heure, étiquetés ! Les journalistes n'ont jamais imaginé l'impact et les ricochets que le battage médiatique pouvait produire sur la vie des gens... La couverture de l'événement est telle que plus personne dans les cités où vivent les familles des Lus ne peut désormais ignorer qu'ils sont licenciés.

C'est notamment pour cette raison que j'en veux aux dirigeants de Danone. Car je persiste à croire qu'il était possible d'agir autrement, en expliquant d'abord la nécessité de la restructuration, et ensuite en entourant les salariés. Possible d'éviter ce déballage qui a mis les gens dans une situation de grande fragilité psychologique.

Sur leur lieu de travail, les ouvriers deviennent nerveux, susceptibles ; ils se mettent à hurler à la moindre réflexion. Avec le manque de sommeil, les retards s'accumulent. Épuisés nerveusement à la fin de la journée, beaucoup ont pris l'habitude d'avaler des somnifères. Et le matin, ils n'arrivent pas à se réveiller.

Le médecin du travail et moi-même, au service médical, ne conseillons jamais de tranquillisants, mais à l'extérieur, les médecins traitants optent souvent pour cette solution de facilité. Les prises de médicaments parmi le personnel ont augmenté de manière vertigineuse, Prozac®, Lexomil®, Tranxène®.

Contre cela, je privilégie toujours l'écoute. Ceux qui viennent à mon infirmerie, je les laisse vider leur sac, se reposer un peu ; la prescription de tranquillisants ne résoudra pas à mes yeux le problème.

Ce dont les salariés ont le plus besoin c'est de comprendre ce qui leur arrive, c'est que nos dirigeants se comportent en hommes responsables et qu'ils aient le courage de leur dire la vérité en face. Mais pour l'heure règnent des bruits de couloirs et des informations contradictoires, qui trouvent chez des dizaines d'individus affaiblis un terrain propice. Nous commençons à entendre parler de mutations, sans savoir ni où ni quand. Chacun se demande où il atterrira... Cestas, Volvic, Evian ?

Comment ne pas appréhender le déracinement, comment refaire sa vie ailleurs ? Il n'est pas si facile de déménager au beau milieu de la scolarité des enfants. Quelques échos nous parviennent de la direction, qui se veulent rassurants. On nous dit de ne surtout pas nous inquiéter, que les mutations peuvent s'effectuer en septembre.

Oui, mais changer de vie entre mars et septembre, en laissant tous ses amis derrière soi et parfois même des gamins en prison à Fleury-Mérogis. On est quand même à la Grande-Borne, aux Tarterêts, des quartiers en grande difficulté, où la violence dans les familles est déjà fréquente. Cet environnement pèse lourd sur les épaules des parents, des mères de famille surtout, dont beaucoup vivent seules avec leurs enfants et assument tout à la maison.

Je perçois chez certaines d'entre elles un vrai danger, comme chez la fragile Agnès, qui a fait plusieurs tentatives de suicide, à coup de médicaments et d'alcool. Et je ne cesse de penser aux femmes et aux hommes en congé longue maladie, déjà fragilisés par une chimiothérapie et qui ont appris à la radio que jamais ils ne reviendraient travailler dans leur usine !

Je réalise progressivement et avec stupeur l'immense impact de cette fermeture d'usine sur la région et surtout le nombre de personnes concernées. Car pour chaque employé licencié c'est toute une famille qui trinque. Même les commerçants des quartiers où vivent ces familles sont inquiets. Car si le pouvoir d'achat de la population baisse, leur chiffre d'affaires diminue aussi. Quant aux écoles des environs, elles devront sûrement fermer des classes à la rentrée prochaine si tant d'enfants s'en vont.

J'ai même reçu récemment à l'infirmerie des coups de fil de salariés à la retraite qui veulent vérifier leurs informations et prendre des nouvelles des uns ou des autres.

Cela dit bien l'attachement profond, quasi viscéral qui les lie pour toujours à leur usine. Même ceux qui sont partis depuis longtemps sont choqués, comme orphelins.

Juillet 2001

Les P'tits Lus s'invitent sur le Tour de France. Une quarantaine de salariés arborant les tee-shirts du boycott s'offrent quelques minutes de gloire en reliant à vélo l'usine et la ville d'Evry. Beaucoup de monde attendait sur la ligne d'arrivée pour applaudir l'équipe, nous avons presque éclipsé les champions du Tour et gagné le pari de ne pas nous laisser enterrer trop vite.

Avec le soleil de l'été, nous retrouvons par moment un peu de notre énergie perdue. L'infirmerie tourne à plein régime et le nouveau médecin est bien accepté. Il est arrivé pendant que j'étais en vacances. Les financiers de chez LU n'ont pas dû juger nécessaire que je sois là pour l'accueillir.

Les salles de pause sont devenues des lieux de parole et de foire d'empoigne qui n'ont rien à envier aux comptoirs de bistrots. Tout le monde parle du plan social dont on attend beaucoup mais dont on ne sait rien. Les syndicats tentent de maintenir leurs troupes motivées pour préparer la rentrée, remonter des barricades et relancer des mouvements de grève.

Mais il devient difficile de mobiliser des ouvriers qui ne savent plus à quel saint se vouer.

Et pour tout arranger, l'intersyndicale a volé en éclat. La CGC a claqué la porte et FO ne manifeste plus au côté de la CGT. Nous n'y comprenons pas grand-chose car les luttes internes entre syndicats ont toujours été un sujet tabou.

Dehors, c'est la canicule et les esprits s'échauffent. Il faut dire qu'en sortie de four, il fait quand même entre 30 °C et 35 °C !

À la demande du service médical et des syndicats, la direction de l'usine accepte de mettre en place des pauses douche.

Si les salariés ont été dans un premier temps unis, c'est maintenant chacun pour soi, tant au sein de notre usine que sur les différents sites.

Des camps commencent à se former : les plus de cinquante ans comptent sur les mesures d'âge des Assedic, qui devraient leur assurer des indemnités jusqu'à la retraite ; les plus de quarante ans sont les plus inquiets ; les moins de quarante ans épluchent les annonces du groupe Danone en matière de reclassement.

Peu à peu, le personnel est moins attentif à la qualité des biscuits qu'il produit et les pannes sur les machines se succèdent. On jette beaucoup plus de biscuits qu'avant. Tout cela n'est pas bon signe. J'entends d'ailleurs souvent cette phrase : « Ras le bol... Pas envie d'engraisser le patron, à quoi bon puisqu'on est virés. »

On constate le même phénomène de repli sur soi entre les différents lieux de production.

On a été au coude à coude avec Calais, on a manifesté ensemble. Mais la distance et surtout l'urgence de sauver chacun sa peau sont en train de lézarder notre belle unité.

Quelques voix s'élèvent par exemple pour dénoncer le peu de résistance, avec le temps, des ouvriers Château-Thierry, qui ont cet hiver défilé à Paris avec nous pour préserver leurs emplois et dont certains parmi les plus âgés sont à présent poussés dehors. Apparemment, ils obtiennent des mesures de préretraites et un petit pécule en prime, on parle de trente mille euros en moyenne.

Beaucoup les accusent d'avoir cédé aux sirènes du « chèque valise » et vendu leur âme au patron. D'avoir préféré tourner la page plutôt que de poursuivre la lutte à nos côtés.

Je ne suis pas d'accord avec ces critiques.

Face aux attaques souvent très virulentes, je me demande si nous, nous nous serions mobilisés pour eux. Pas sûr.

Tant qu'on n'a pas vécu soi-même ce type d'expériences, on n'imagine pas les dégâts qu'elles causent.

Les bilans chiffrés, les stratégies industrielles, la communication de crise, ce ne sont que des mots. Qui n'est pas concerné en oublierait presque que, derrière ces mots, c'est d'êtres humains dont on parle.

Comme lorsqu'on apprend aux informations

qu'un accident de car a fait cinquante victimes ; alors que les chiffres gardent l'anonymat et nous tiennent éloignés de la réalité, ce sont les visages, les noms et l'histoire des individus qui nous interpellent.

Pourquoi ne pas écrire un jour la liste des ouvriers et des ouvrières, des hommes et des femmes de LU sacrifiés alors même que le groupe Danone annonce un bon premier semestre 2001. Résultat net de trois cent soixante-quinze millions d'euros, soit une hausse de 6,5 % par rapport à la période équivalente l'an dernier.

Difficile à avaler.

Chapitre II

UN PLAN « ROLLS ROYCE »

Presque une année a passé depuis l'annonce surprise de la restructuration chez LU-France.

Franck Riboud vient de connaître les mois les plus difficiles de sa vie de chef d'entreprise. Grèves, appel au boycott de ses produits, le P-DG de Danone sait désormais qu'il est difficile de faire accepter des fermetures d'usines lorsqu'on réalise des bénéfices. Et pas des moindres : sept cent vingt millions d'euros pour l'exercice 2000 !

Le malentendu persiste.

Raison de plus pour soigner le plan social qu'il veut lancer au plus vite et qui doit s'étaler jusqu'au 30 juin 2004.

Mais une procédure en justice retarde un peu son démarrage. Le comité d'entreprise a en effet déposé contre la direction une nouvelle plainte pour ne pas avoir été consulté dans le processus de restructuration.

Une fois les frondeurs déboutés par le tribunal

de grande instance d'Evry, il restera à « licencier humainement ».

C'est le nouveau credo de Franck Riboud, basé sur un seul argument : c'est précisément quand l'entreprise réalise des profits qu'elle est plus humaine et que les restructurations sont moins douloureuses. En clair, il vaut mieux licencier quand on est riche !

Un argument incompréhensible et inacceptable pour les huit cents salariés d'Evry et de Calais qui se sentent sacrifiés.

Les lois du marché sont décidément impitoyables. En cette fin d'été 2001, même si la Bourse reste fringante, se profile partout en France le spectre des licenciements.

Depuis que les patrons de Michelin ont annoncé simultanément il y a quelques mois des profits record et sept mille cinq cents suppressions d'emplois, les esprits s'échauffent et pressent le gouvernement de faire la chasse aux « patrons voyous ».

Mais à la (mauvaise) surprise générale, le Premier ministre Lionel Jospin déclare que « l'État ne peut pas tout », suscitant un tollé national.

À l'usine LU d'Evry, on veille encore sur la cuisson des petits gâteaux. Et l'infirmière Monique Laborde fait chaque matin son tour dans les ateliers de production.

Jeudi 23 août 2001

Ce matin, le personnel n'est pas tranquille, le directeur cavale partout. Des dégradations de matériel ont eu lieu durant la nuit, des *big bags*, des grands sacs contenant 500 kg de fécule de pomme de terre ont été éventrés, de l'encre a été déversée à l'atelier de fabrication des extrudés (Chipster®), des machines ont été endommagées. Ce ne sont pas des sabotages qui vont remonter le moral des équipes !

Les réunions d'encadrement s'accélèrent avec un mot d'ordre : « Allons-y les p'tits gars... » Lors de nos rencontres hebdomadaires, le directeur du site nous encourage, nous les cadres, à atteindre l'objectif de tonnage demandé, soit quatorze mille tonnes. Ce n'est plus d'un décalage dont il s'agit entre la vie des ateliers et les exigences des bureaux, mais d'un abîme ! Pour moi la coupe est pleine.

Vendredi 5 octobre 2001

Dans l'après-midi, le directeur passe pour une visite de « courtoisie ». Il semble fatigué et insiste auprès de moi : « Tu sais Monique, il va falloir bosser dur pour faciliter les départs et les reclassements. » Je lui réponds qu'il se trompe d'interlocuteur, que je ne suis pas là pour lui faire sa publicité. Et que ce n'est pas de mon point de vue le rôle de l'infirmière d'orienter les salariés dans ce genre de démarches. Je suis là pour soulager pas influencer le personnel.

16 h 30 : on apprend que le plan social sera à l'ordre du jour du comité central d'entreprise du 17 octobre, dans dix jours.

Les questions fusent... Mais en tant que membre de l'encadrement, je n'ai pas plus d'informations. D'ailleurs, je ne comprends pas le manque d'investissement des cadres dans cette affaire.

Après tout, nous représentons presque une centaine de personnes ! 25 % du personnel qui ne se fait pas entendre, cela me frustre. En choisissant la formule « perso », les cadres supérieurs agissent comme des valets. Eux n'ont jamais participé aux manifestations, n'ont jamais été à nos côtés, mais ils sont les premiers à demander aux employés s'ils ont des informations. Ils ne prennent aucun risque pour conserver les faveurs de la direction et peut-être obtenir un bon poste ailleurs. J'ai pour eux le plus grand mépris.

Vendredi 19 octobre 2001

Cette fois, nous y sommes. Le brouillard dans lequel nous étions depuis le 30 mars dernier commence à se dissiper. Sept mois après la confirmation de la restructuration, on va enfin nous présenter officiellement le plan social.

Ces trois derniers jours, des photocopies du projet du plan soumis en premier lieu aux syndicats ont été déposées dans les salles de pause. Comme tout le monde, je les ai lues et comme tout le monde j'ai fait fonctionner ma calculette !

Une grande réunion est organisée dans la salle

« Guet-apens », la bien nommée ! Ce matin, le directeur et le chef du personnel nous exposent ce plan social tant attendu sur des transparents. Ils tentent de nous rassurer mais, décidément, la mayonnaise ne prend pas. Et trois jours d'attente avant d'officialiser, c'est trop.

Danone s'engage à faire trois « offres valables d'emploi » à chacun des salariés. Un poste dans le groupe, mais à condition d'être mobile, et deux postes dans d'autres entreprises situées dans le bassin d'emploi.

Dix-huit mille euros plus mille deux cents euros par année d'ancienneté sont proposés en moyenne à chacun des employés d'Evry et Calais. Pour les plus de cinquante-cinq ans, c'est quarante et un mille euros.

Et pour ceux qui trouveraient un poste moins bien rémunéré, Danone promet de verser pendant deux ans un complément de revenu. En cas de reclassement interne, le plan prévoit des primes à la mobilité pouvant atteindre dix mille six cent soixante et onze euros, les frais de déménagement et d'installation étant assumés à hauteur de deux mille deux cent quatre-vingt-sept euros.

Il est aussi proposé à ceux qui acceptent de changer de région une aide à la recherche d'emploi pour les éventuels conjoints.

Le plan social évoque enfin des « mesures d'âge », mais j'ignore pour l'heure ce que cela signifie ; je me demande si je vais devoir partir en préretraite, si je suis déjà trop vieille pour travailler.

Quoi qu'il en soit, notre groupe, qui s'est toujours présenté comme une « entreprise sociale », a mis le paquet.

Paquet d'argent.

Espère-t-il ainsi faire oublier le climat de scandale et de guérilla qui a entaché l'annonce de la restructuration ? Sans doute.

Car en épluchant la presse et les communiqués officiels, je lis que le géant français de l'agroalimentaire a prévu, en tout, de débourser deux cent quarante millions d'euros pour reclasser les salariés d'Evry et Calais[1].

Sur le papier, il me semble donc qu'il n'y a pas grand-chose à redire, le plan se donne apparemment les moyens de satisfaire les salariés. Mais je continue d'être choquée par la manière dont la direction communique. Un plan « Rolls Royce » peut-on lire ici et là ; l'expression et la jovialité de cette annonce en disent long sur le peu d'états d'âme de notre DRH.

Après la réunion avec notre direction, les délégués CGC proposent aux personnes de l'encadrement qui le souhaitent de se retrouver dans une salle voisine pour décrypter les propositions qui nous sont faites.

Je vois bien que les rêves de certains de mes collègues cadres s'écroulent. Ils se sont comportés pendant des mois en bons petits soldats et ils réalisent maintenant qu'ils ne sont pas mieux considérés que les ouvriers.

---

1. *Les Échos*, 30 mars 2001.

Leur abattement ne me réjouit pas, ça non, pourtant au fond de moi je ne peux me résoudre à les plaindre. Il est désormais trop tard pour revenir en arrière et je regrette qu'ils ne se soient pas positionnés dès le début contre cette fermeture. Certains ont fait preuve de suffisance et se croyaient sûrement dans les jupes du patron.

Leur aveuglement leur coûte cher.

Sur le terrain, dans l'usine, les commentaires vont bon train, chacun souhaitant savoir ce qui va lui arriver. Impossible pour l'heure de répondre au cas par cas. Il y aura des tractations, il faudra attendre encore. Malgré les incertitudes, tout le monde fait ses comptes et beaucoup viennent me demander de calculer pour eux.

Les syndicats répètent qu'il faut rester vigilants sur les négociations ; nous avons affaire à des professionnels de la restructuration et nous ne connaissons finalement pas grand-chose à toutes ces procédures.

Seule la CGT demeure inflexible et refuse d'entendre parler du plan social. Les assemblées générales se succèdent, le ton monte, on en vient parfois presque aux poings. L'ambiance est pourrie.

Et tandis que se poursuit la procédure judiciaire visant à contester la restructuration devant le tribunal d'Evry, un dernier comité central d'entreprise est prévu pour la fin de l'année, qui doit à présent clore tout débat autour de ce plan et l'entériner.

Vendredi 7 décembre 2001

C'est un jour important pour Evry, une réunion du comité central d'entreprise décisive car on y discute de notre sort. Il fait un temps magnifique, ciel bleu et soleil. Dans tous les bus qui partent de l'usine, on entend les mêmes phrases : « Qu'est-ce qu'ils vont nous proposer ? Vont-ils répondre à nos questions ? » On a prévu trompettes et cornes de brume, casquettes et banderoles.

Arrivée porte d'Orléans toujours avec nos banderoles. Je compte le personnel d'encadrement qui nous accompagne. Ils sont moins de dix !

À la descente des bus, nous retrouvons des collègues d'autres sites (Calais, Château-Thierry, La Haie-Fouassière et Cestas) et les conversations s'engagent rapidement sur le moral dans les usines. Je ne vois pas d'autre infirmière avec moi que celle de l'usine de Château-Thierry. Pourtant je crois qu'ici nous sommes à notre place. À l'heure du déjeuner, nous improvisons un grand pique-nique au bord du périphérique, qui reste bloqué par les salariés pendant deux bonnes heures. L'occasion pour nous de distribuer nos tracts aux automobilistes. Mais notre sit-in nous vaut d'être délogés par un escadron de CRS, heureusement peu nombreux car la plupart de leurs troupes sont occupées avec la manifestation des gendarmes sur Paris.

Une délégation de salariés dont je fais partie est reçue durant l'après-midi par notre direction dans un salon du Novotel. Cynisme absolu, des chiffres encore des chiffres. Impression d'être méprisés. Cette fois, on comprend que les fermetures sont bien programmées. Les représentants du groupe Danone les justifient par le besoin d'augmenter les bénéfices. Aucune mention n'est faite des personnes qui travaillent dans ces usines. Nous ne sommes que des numéros sur des graphiques, et visiblement, dans l'esprit des financiers, nous n'existons même pas. Un cours de Bourse a plus de réalité que des travailleurs.

Je tente de leur rappeler qu'ils ont en face d'eux des êtres humains qui ne se réduisent pas à des valeurs marchandes. Rien n'y fait, ils ne me répondent pas, ne me regardent pas, ce que je leur dis ne les intéresse pas. Je me sens agressée, dédaignée par leur silence. Comme tous mes collègues présents ce jour-là.

Le retour est sinistre. Aujourd'hui, nul café chaud ne nous attend. Chacun rentre chez soi cassé, avec l'impression que rien ne peut plus faire plier les chasseurs de profit.

Effectivement, pour Danone, le montage du plan social est bien terminé, il faut passer à la mise en place immédiate du Relais Emploi Mobilité (REM).

À côté de la salle de conditionnement des biscuits sont en effet apparus de nouveaux bureaux, occupés par une équipe de quinze personnes, le REM, qui doit changer le cours de notre vie ! Des ordinateurs, de la documentation, des guides pratiques *Comment réussir son curriculum vitae ?*, *Comment préparer un entretien d'embauche ?* ont pris possession des lieux.

Il y a là sept conseillers emploi, deux assistantes et une documentaliste. L'équipe est menée par un consultant du cabinet de conseil Algoé, basé à Lyon, qui a déjà coordonné ce genre d'opérations pour LU. À Château-Thierry, il dit avoir reclassé quatre-vingt-onze salariés.

Ils réunissent d'abord l'encadrement, parlent des Assedic aux plus âgés, assurent qu'on ne risque rien, que les mutations vont se faire au sein du groupe, que Danone s'occupe des déménagements, de l'intégration là-bas, quitte à offrir des formations pour de nouveaux métiers : les cuiseurs peuvent par exemple partir à Evian où un brillant avenir de fontainier les attend.

Pourquoi pas, après tout ? J'essaie de me sentir constructive.

Jour après jour, ils reçoivent le personnel de l'usine par petits groupes, lui garantissant la plus grande discrétion.

Mais la machine a déjà commencé à se gripper...

Car la réunion quotidienne entre les équipes du REM et les responsables du personnel de l'entreprise fait douter les salariés de la confidentialité de leurs entretiens ; moi-même je n'y crois pas beaucoup.

J'ai décidé de ne pas me rendre au REM, je refuse de cautionner ces méthodes. Les ouvriers me rapportent les questions qu'on leur pose lors des entretiens, notamment sur leur état de santé, et qui me paraissent indiscrètes et sans fondement.

L'équipe du REM est embauchée en CDD à plein temps. Au même moment, la direction continue de recruter des cadres supérieurs, des conseillers en marketing, des spécialistes de la finance.

Personne ne peut contester qu'on crée de nombreux postes pendant qu'on en supprime des dizaines d'autres.

Je le sais mieux que personne, c'est moi qui prépare les visites d'embauche !

Beaucoup de collègues de l'encadrement sont déjà partis. En négociant leur départ et sans rien dire. Sans doute pour ne pas avouer la somme qu'ils ont touchée et le lieu de leur nouvelle affectation. Peut-être craignent-ils que d'autres convoitent leur nouvelle place.

De jeunes ingénieurs ont quitté LU avec un chèque et une mutation qu'ils n'auraient pas espérée autrement.

Je ne leur jette pas la pierre mais je déplore le résultat, une ambiance délétère et une usine de moins en moins encadrée.

Presque plus de chefs et beaucoup d'intérimaires.

Et alors que l'absentéisme atteint un niveau record (20 % au lieu de 6 à 7 % en moyenne habituellement), la direction exploite la situation en renforçant le contrôle des arrêts de travail.

Chapitre III

Nous sommes sous pression

Mercredi 2 janvier 2002

Comme le temps passe ! Voilà déjà presque une année que je tiens mon petit journal. Les choses n'ont pas beaucoup avancé. Ou plutôt si, on se rapproche de la sortie.

L'usine est toujours debout, propre et pas dégradée. Aujourd'hui, seules deux lignes tournent, il y a tant d'absents.

Les travaux d'aménagement du REM se poursuivent ; j'ai la désagréable impression qu'on construit des bureaux flambant neufs pour nous mettre dehors ! L'essentiel étant apparemment de le faire poliment, sans faire de vagues.

Le directeur a maigri. Durant la première réunion d'encadrement de l'année, et dans un silence glacial, il nous adresse ses vœux. Puis il fixe des objectifs pour 2002 : vingt mille tonnes de biscuits à produire cette année et 83 % de rendement.

Toujours ce silence glacial.

Je ne me sens plus du tout en phase avec cette entreprise ni à ma place dans l'encadrement. Je ne reconnais pas en cet homme qui assène mécaniquement des chiffres et qui a perdu tout amour propre, le directeur qui avait su gagner notre estime et notre sympathie, qui avait promis de rester à nos côtés jusqu'au bout.

La rengaine est toujours la même : il faut travailler, être rentable et préserver l'image sociale du groupe.

Comme dans les conflits d'antan, chacun mène sa guerre de tranchées. D'un côté, Danone, mis en accusation, qui communique à tout va sur son plan « Rolls Royce » socialement exemplaire et qui envoie aux élus une brochure faisant valoir les chiffres heureux des reclassements.

De l'autre, une partie des salariés qui refusent de baisser la garde et des syndicats qui s'arc-boutent en encourageant à boycotter la cellule de reclassement.

Non au REM ! « N'acceptez pas de changer de région, de vie, n'acceptez pas de poste avec baisse de salaire », « Danone a mis 2,7 milliards d'euros pour soutenir son cours de Bourse en détruisant des actions, c'est vingt fois le gain annuel attendu de la fermeture d'Evry et Calais ! »

Les ouvriers subissent des pressions maximums de part et d'autre.

Le REM ne répondra jamais à la souffrance et aux attentes de chacun.

Les conseillers, pour la plupart jeunes et peu expérimentés, sont perçus comme une équipe qui doit faire du chiffre, proposant aux ouvriers d'entrer dans des cases ; vite, il faut dire ce que l'on sait faire, se décider pour l'avenir, si oui ou non on accepte de déménager. Vite.

En sortant, beaucoup de salariés viennent me raconter leur entretien. Surtout des femmes. Elles me confient ne rien y comprendre et me demandent de leur expliquer leur dossier. « Le papier, là, je n'ai pas osé dire que j'avais rien compris. » Je remplis aussi les formulaires.

Certaines ne savent ni lire ni écrire dans cette usine ; et évidemment, elles n'en parlent pas.

Leur désarroi ne me surprend pas. J'avais d'ailleurs mis en garde le directeur contre le fait que les employés se fermeraient comme des huîtres face à des étrangers auxquels ils n'avoueraient jamais qu'ils ne savent ni lire ni écrire.

Alors en secret, à l'infirmerie, j'entreprends l'apprentissage de la lecture avec deux ou trois ouvrières que je connais depuis longtemps, des filles que j'aime bien et qui me font confiance.

Pour justifier l'absence des ouvrières dans les ateliers, je passe un coup de fil à leur responsable et prétexte un malaise qui nécessite du repos. Et pendant deux heures, nous décortiquons l'alphabet, faisons la lecture, mot à mot.

Personne ne sait rien, personne ne saura jamais rien, excepté le nouveau médecin avec lequel je travaille.

Je ne regrette pas ces mensonges vis-à-vis de l'encadrement. Ils m'auront permis d'éviter aux filles l'humiliation d'avoir à dire devant tout le monde qu'à trente ou quarante ans, elles ne savent pas lire.

Je le fais aussi pour les aider à préparer la suite.

C'est que le contexte est si particulier et le sentiment d'abandon de ces femmes si grand.

Deux d'entre elles aimeraient devenir assistantes maternelles. Je pense souvent à elles. Des filles courageuses, trente-cinq ans environ, mères célibataires. À la maison, c'est souvent le fils ou la fille de seize ans qui s'occupe seul des papiers. L'école et les devoirs ne sont pas la priorité de ces enfants-là, qui ont bien d'autres soucis. Et après on parle d'échec scolaire !

Il faudrait surtout chercher les itinéraires de vie que recouvre cette expression.

Les équipes du REM ignorent tout cela, et, de toute façon, ça ne leur traverse même pas l'esprit.

Ils ne savent pas communiquer avec la population qu'ils doivent reclasser. Sans mépris, malgré toute leur bonne volonté, ils ne savent simplement pas. L'un d'entre eux a par exemple récemment utilisé le mot « obsolète » pour désigner le matériel dans l'usine. Les ouvriers n'ont pas compris et sont venus me demander ce que signifiait « obsolète ».

Il a fallu que j'explique au responsable du REM qu'il ne devait pas leur parler avec un niveau de langue bac + 5 !

À cela s'ajoute un vrai problème de génération. Les « petits jeunes » du REM sont confrontés à des personnes de quarante ou cinquante ans qui pourraient être leurs parents ou leurs grands-parents et qui pleurent devant eux.

Certains conseillers du REM sont d'ailleurs venus à plusieurs reprises à l'infirmerie me confier leur malaise devant de telles situations inhabituelles pour eux.

Toutes ces petites choses, ces difficultés à communiquer, ces humiliations exercent une pression supplémentaire sur les épaules des salariés, au moment où il leur faut rassembler leurs forces pour reconstruire leur vie professionnelle.

Tous les jours, je récupère des gens en morceaux.

Hier matin, un responsable de l'atelier des pétrins est passé à l'infirmerie, à la recherche de Bernard, qui n'était plus à son poste depuis une bonne heure.

« Je suis inquiet, me dit-il, car Bernard n'est pas dans son assiette depuis quelques semaines. » Ses copains m'apprennent qu'il a pris l'habitude de se réfugier dans un coin bien à lui de l'usine.

Tandis que l'un de ses collègues me conduit à sa cachette, je découvre avec stupeur ce grand gaillard prostré, le regard fixe.

Je m'assois à coté de lui et lui parle doucement pour le convaincre de venir se reposer à l'infirmerie.

Il accepte et me suit sans réfléchir.

Dans le calme du service médical, il me raconte à quel point il n'en peut plus. Il ne parvient plus à parler d'autre chose à la maison car sa femme travaille comme lui dans l'usine.

La vie du couple est devenue un enfer et ils ne dorment plus.

Après avoir vidé son sac, il s'endort comme un bébé en me faisant promettre de ne pas prévenir sa compagne car il ne souhaite pas l'inquiéter.

J'assiste ainsi au fil des jours à la lente dégradation de la santé des salariés. Mon malaise est d'autant plus fort que je ne peux que constater les dégâts.

Comme cette femme qui est passée me voir ce matin pour me montrer les plaques rouges apparues sur ses bras depuis quelques semaines.

Le dermato qui la suit a diagnostiqué une dermatose due au stress... Une de plus.

Nos patrons proposent à leurs employés un changement de vie auquel ils ne sont pas préparés : « Tu me vois, changer de métier, je n'ai jamais fait que ça, emballer des Pépito® ! »

On leur trouve surtout des petits boulots dans des usines agroalimentaires du coin, pour un fabricant d'herbes aromatiques, une poissonnerie d'un grand supermarché, avec des salaires pratiquement réduits de moitié par rapport à ce qu'ils gagnent ici et des conditions de travail bien plus dures qu'à Evry.

Aline, que je connais depuis des années, est revenue au bout de quinze jours du supermarché où elle avait accepté un poste de vendeuse au rayon poisson. Depuis, elle raconte aux copines en salle de pause ce qu'elle a enduré : pas de restaurant d'entreprise, pas de salle de repos, pas le temps de s'arrêter pour souffler un peu.

Évidemment, les expériences non concluantes des ouvriers qui ont été voir ailleurs n'arrangent pas le moral de ceux qui songent à partir. Tous sont en train de s'apercevoir que notre traitement à Evry est assez exceptionnel.

C'est d'ailleurs le discours qu'a tenu Danone pendant plusieurs années.

Et c'est vrai, nos salaires sont particulièrement bons, du fait du cumul des primes d'ancienneté après vingt ou trente ans passés dans l'entreprise.

Des ouvriers de luxe, oui ! Qui ont obtenu sans difficultés un micro-ondes pour la cantine, la vaccination du personnel contre la grippe, et dont les achats du service médical n'étaient jamais discutés.

La direction a toujours préféré la paix sociale aux grèves, pour la plus grande satisfaction de tous.

Mais parce que nous réalisions une production énorme et que notre usine rapportait le plus d'argent, tout le monde considérait ce « luxe » normal.

Pourtant, quelle que soit la rentabilité du lieu de production, de bonnes conditions de travail ne sont jamais superflues et la santé mérite attention et combat permanents.

La principale difficulté du plan réside donc dans les salaires élevés des salariés, mille six cent cinquante euros en moyenne, en comparaison avec ce que leur proposent les autres entreprises : mille à mille trois cents euros.

Et les ouvriers de nuit d'Evry, qui avec le temps ont obtenu une prime de 60 % de leur salaire brut, seraient les plus lésés.

Au REM, les incidents se multiplient. Certains à qui l'on avait promis que si leur nouvelle activité ne leur convenait pas, on les reprendrait chez LU et qui reviennent au bout d'un mois à cause du contexte bien plus défavorable dans l'autre entreprise s'entendent répondre : « Mais c'est le rêve, tu te rends pas compte, le REM t'a trouvé ça, c'est inadmissible de se plaindre ! »

D'autres reprochent aux offres d'emploi, visiblement celles de l'ANPE, d'être inadaptées : « On nous propose des offres inaccessibles à des salariés qui ont commencé à travailler il y a trente ans avec le certificat pour tout bagage, et en plus ce sont des postes avec des pertes de salaire de 20 ou 30 % », ou encore : « Mes enfants font leurs études ici, pas question de partir », ou bien cette ouvrière qui a reçu une proposition à La Haye-Fouassière et son mari à Evian : « Voulez-vous que je divorce ? »

Et la cerise sur le gâteau, c'est que si les salariés

ne se présentent pas au REM, une lettre recommandée adressée à leur domicile les menace de ne pas bénéficier du plan social.

J'imagine volontiers les arguments de la direction pour justifier ces méthodes plutôt grossières ; car il lui faut bien avoir des preuves, pour ne pas être ensuite accusée d'avoir laissé les gens sur le carreau.

Il n'empêche... Ces lettres recommandées reçues à la maison sont très mal vécues, comme une mise en demeure, un compte à rendre sous peine d'exclusion.

À cela, il faut ajouter un tas de procédures qui maintiennent la pression. Comme l'obligation de badger à l'entrée de l'usine, qui avait disparu depuis deux ans.

Évidemment, compte tenu du contexte, la mesure n'est pas bien passée, et dès le lendemain, il y avait de la colle dans les badgeuses !

Mais ce qui a mis le feu aux poudres, ce sont les vérifications des arrêts maladie déjà évoqués. Visites de médecins experts au domicile des gens pour constater qu'ils sont bien là et bien malades. Il ne faut pourtant pas être fin psychologue pour deviner que la majorité des salariés souffrent vraiment.

Je suis à cette occasion allée trouver le chef du personnel, à qui j'ai dû expliquer qu'il n'avait pas affaire à des salariés brutalement devenus paresseux mais à des hommes et des femmes malades moralement.

Je n'ai pas réussi à savoir selon quels critères étaient choisies les personnes contrôlées. J'en viens à penser que les contrôles n'ont qu'un but, écraser encore un peu plus des individus déjà fragilisés.

Une salariée atteinte d'une maladie intestinale chronique, la maladie de Crohn, a subi une telle vérification et s'en est sentie profondément humiliée.

La direction ne me semble pas comprendre que ces pratiques risquent d'avoir un effet contraire à celui escompté, ramener les salariés à leurs postes. L'absentéisme ne disparaîtra pas sous la contrainte.

De leur côté, les syndicats et le CHSCT accusent nos dirigeants d'être responsables de l'absentéisme, favorisé par la mauvaise ambiance dans les ateliers, la fatigue morale et surtout la perspective de perdre son emploi.

Et comme pour accentuer le malaise et l'ambiance délétère, la rumeur s'est mise à enfler que la direction propose discrètement à des élus du personnel de partir avec beaucoup plus d'argent que les salariés lambda.

Des salariés me rapportent aussi quelques apartés avec des membres du service du personnel : « Si tu ne fais pas grève, je penserai à toi pour le reclassement... Il paraît même qu'on peut empocher un petit pactole si on accepte de partir immédiatement. » Rumeurs invérifiables.

Mais vraies ou fausses, le mal est fait, les gens s'épient, la méfiance s'installe entre collègues, de vieilles rancœurs resurgissent, des règlements de comptes éclatent en salle de pause. Je suis dès lors préposée à appliquer de l'arnica sur les hématomes qui apparaissent du jour au lendemain sur les joues ou les nez. Leurs propriétaires viennent me voir sans complexes, ils savent que je ne dirai rien de leurs bagarres à leur hiérarchie.

Je n'arbitre jamais, en partie parce que j'hésite moi aussi à propos de beaucoup de choses. Un jour je pense que les syndicats ont raison de tout refuser et le lendemain je suis persuadée du contraire...

Lundi 11 février 2002

C'est une guerre d'usure, que je perçois parfois comme une stratégie. Faire traîner pour que les gens acceptent les mutations, les reconversions.

Un combat inégal, et de fait, la direction mise sur le temps. À ce jeu-là, ça marche toujours.

Pour certains salariés, qui ont envie de prendre une formation sur trois ans, le fait d'avoir du temps devant soi peut être bénéfique.

Ils ne sont pas nombreux malheureusement, ça ne fait pas partie de la culture ouvrière ; dans leur esprit, on reste au poste où l'on a été embauché toute sa vie.

C'est pour eux comme pour moi tellement nouveau d'effectuer un bilan de compétences, d'imaginer changer de métier, de retrouver confiance en soi, après l'année qui vient de s'écouler. Et tout cela sans culpabiliser par rapport aux collègues qui veulent encore résister et boycottent le REM.

Jusque-là, les ouvriers n'ont rien cassé dans l'usine, ils ont pu préserver l'outil de travail ; moi, je l'avoue, certains jours, j'ai envie de tout casser !

J'ai la rage.

On aurait été dans la métallurgie, ça ne se serait pas passé comme ça. Je me souviens avoir vu à la télévision au cours de l'été 2000 des ouvriers licenciés de l'usine Cellatex qui avaient menacé de déverser du cyanure dans la Meuse. Bien sûr, je sais qu'il ne faut pas réagir avec ces armes-là... Mais je peux comprendre ce désespoir.

Je me retiens d'exploser. Je ne veux pas risquer d'être licenciée pour faute grave et de perdre mon droit au plan social.

Lundi 18 février 2002

Le tribunal de grande instance d'Evry doit rendre son jugement aujourd'hui et dire si le plan social est justifié.

Certains espèrent encore qu'il va être cassé et moi je compte sur une révision du plan pour les plus de cinquante ans.

Le verdict tombe à 14 h 30, une fois de plus nous avons perdu.

Danone a le feu vert pour lancer son plan social et les salariés qui y croyaient encore sont désespérés. À la sortie de l'audience, leurs cris dénoncent une « justice de riches » et « un jugement politique ».

Chapitre IV

Les politiques tiennent tribune chez nous

C'est une histoire dans l'histoire.

Qui, au premier abord, ne concerne aucun des huit cents salariés de LU. Mais qui, à y regarder de plus près, peut faire jurisprudence.

Au moins symboliquement.

Cette histoire se passe à Soissons au printemps 2002. Elle voit le tribunal des prud'hommes condamner le groupe Michelin à indemniser cent soixante-deux salariés licenciés trois ans auparavant.

Motif : l'entreprise ne rencontrait pas de « difficultés économiques insurmontables », mais souhaitait « améliorer sa compétitivité ».

Les juges n'ont pas vu ici l'expression de licenciements économiques. Ils osent défier le géant du pneumatique, et à travers lui les pratiques de licenciements boursiers.

Michelin est condamné à verser dix millions d'euros de dommages et intérêts à ses ex-salariés. C'est une première.

Une décision dont la dimension politique est évidente. Car nous sommes à la veille de la campagne pour l'élection présidentielle et dans le microcosme politique, on a depuis trois ans fait de « l'affaire Michelin » un symbole. Flash-back.

8 septembre 1999, Édouard Michelin, qui vient de succéder à son père, annonce sept mille cinq cents licenciements en Europe et la liquidation de sa filiale Wolber, située près de Soissons dans l'Aisne.

Le même jour, sans doute soucieux de faire bonne impression à ses actionnaires, il annonce dans la presse des bénéfices, plus 20 %.

Évidemment, la pilule ne passe pas et cela n'est pas un petit fabricant de pneus de vélos que sa maison mère assassine mais ce qu'il représente.

On est alors en France en plein débat social, sur l'emploi, le pouvoir d'achat, les retraites, et à la (dé)faveur d'une terrible petite phrase, l'histoire Michelin va devenir « l'affaire Michelin ».

La petite phrase, c'est : « L'État ne peut pas tout », signée Lionel Jospin, Premier ministre qui affiche son impuissance. Il ne sait pas encore qu'elle lui coûtera bien cher.

« L'affaire » se traduit quant à elle par le vote à l'Assemblée de « l'amendement Michelin », déposé par les communistes et voté par une gauche plurielle souvent cacophonique. Amendement qui vise à doter la toute prochaine loi de modernisation sociale d'une protection contre les licenciements économiques infondés.

La condamnation de Michelin par la justice des prud'hommes en février 2002 ne peut évidemment dans l'immédiat revenir sur la fermeture de l'usine Wolber. Mais en contestant la légitimité du motif économique, les juges ouvrent une brèche. Et osent trancher ce que la loi de modernisation sociale ne peut défendre.

Dans la foulée, trois cents autres ex-salariés vont emboîter le pas à leurs collègues victorieux. « Goliath Michelin » et le patronat peuvent bien crier au complot politique, « David Wolber » a pour objectif de faire annuler le plan social.

L'avocat des salariés de Soissons, Me Philippe Brun, estime maintenant que « le vrai combat est celui de la réintégration ».

Il est aussi désormais l'avocat des P'tits Lus d'Evry.

Mars 2002

Plus d'un an après le début du conflit, Danone vante les mérites du REM, statistiques à l'appui. 60 % des personnels auraient trouvé une solution... Bien sûr invérifiable. À moins de retrouver chacun des ex-salariés désormais éparpillés aux quatre coins de la France pour examiner en détails son parcours. Ce que personne ne fait.

Et d'ailleurs, si l'on en croit le bouche à oreille dans l'usine, au gré des amitiés qui demeurent et des nouvelles que l'on s'échange par téléphone d'une région à l'autre, les situations de nos ex-collègues sont souvent bien chaotiques. De contrats à durée déterminée en intérim, peu d'entre eux sont apparemment parvenus à se stabiliser.

Quant à nous tous qui travaillons encore sur le site d'Evry, il nous devient de plus en plus difficile de supporter les pressions exercées par la direction : sites surveillés ou visites inopinées des Renseignements généraux au local syndical.

Devant les grilles de l'usine, on assiste parfois à de drôles de scènes, comme celle où l'avocat des salariés, Me Brun, tente d'accéder à la salle de réunion du comité d'établissement. Plusieurs heures de grand théâtre où l'on voit les vigiles recrutés par Danone faire la police et deux élus socialistes accourir pour jouer les médiateurs.

À la pointe de la contestation et à nos côtés depuis un an, il y a deux maires.

Thierry Mandon, le maire de Ris-Orangis, plusieurs fois interdit d'entrée dans l'usine située sur sa commune, ne cesse de contester la légitimité de la restructuration. Il se demande pourquoi fermer Evry et pas le site en Pologne si le problème est la surcapacité. Sa réponse est la suivante : c'est une « histoire de coût ».

Manuel Valls, maire socialiste d'Evry venu au secours de l'avocat des Lus qui tentait d'accéder au CE, dénonce « une infraction pénale » et pointe la logique de l'affaire des Lus dans un contexte de

« délocalisation et désindustrialisation accélérées depuis les années quatre-vingt-dix [1] ».

Au lendemain de la décision du TGI d'Evry qui nous a déboutés de notre plainte, les deux maires ont demandé ensemble au préfet de l'Essonne l'ouverture d'une table ronde et ont aussi saisi Élisabeth Guigou, la ministre de l'Emploi.

Toute la presse se fait l'écho de la bataille que mènent les deux élus, qui est d'abord une bataille locale. En effet, la fermeture de notre usine est un gros manque à gagner pour la ville de Ris-Orangis en matière de taxe professionnelle : deux millions sept cent cinquante mille euros exactement versés jusque-là par l'entreprise LU, soit un tiers de l'ensemble des taxes annuellement touchées par la ville. Thierry Mandon parle de « séisme fiscal » mais aussi de « drame social », faisant référence aux quatre cents familles concernées par la fermeture parmi ses administrés.

Mais les enjeux politiques dépassent de loin les frontières de l'Essonne. Et nous, les P'tits Lus, nous avons bien compris que notre histoire et notre combat sont une aubaine pour les candidats à l'élection présidentielle.

Tous les jours à la télévision et à la radio, les hommes politiques de tous bords se relaient pour promettre aux Français :

Du boulot,

Une retraite,

---

1. *Le Parisien*, 15 octobre 2002.

Moins d'impôts,
Plus de sécurité,
Bref, un monde meilleur.

Depuis l'échec des municipales, on a déjà entendu les différentes composantes de « la gauche plurielle » s'émouvoir de notre affaire.

Je n'ai jamais douté de leurs bonnes intentions mais il faut bien constater que rien, ni leurs mandats de députés, ni même leurs postes de ministres, n'a pu arrêter le rouleau compresseur mis en route par Danone.

Une centaine de députés de la majorité ont signé l'appel au boycott, et pas seulement les Verts et les communistes. Le président de la région Île-de-France, le socialiste Jean-Paul Huchon, a même confirmé le gel de six cent mille euros parmi les subventions que le conseil régional prévoyait d'accorder à Danone pour le centre mondial de recherche qu'il doit construire à Saclay.

La somme gelée était à l'origine destinée à équiper en aménagements routiers la nouvelle zone d'activité. Mais Jean-Paul Huchon, affirmant que « rien ne nous a été dit en amont », juge « inadmissible qu'une entreprise de réputation mondiale en matière de gestion sociale ait pu prendre les élus, en l'occurrence votre serviteur, pour un gamin [1] ».

Cette fois, les politiques viennent nous rendre visite jusque chez nous... tous ou presque. Revue

1. *Le Monde*, 5 avril 2001.

de campagne, consignée jour après jour avec soin dans mon petit journal.

Vendredi 8 février : Robert Hue promet de nous « soutenir jusqu'au bout ».

Quelques élus communistes du département sont là devant l'usine, des militants, des journalistes évidemment ; les salariés de LU ne sont pas très nombreux et personne n'est transporté par le discours. Les attaques contre les patrons, « qui se signent des augmentations de salaire jusqu'à cinq cents fois le SMIC », on connaît la chanson. Mais nous, qu'allons-nous devenir ?

Fin février : Noël Mamère dénonce « le travail jetable et les employés Kleenex® » et rappelle que l'objectif de la restructuration, c'est la productivité. Je le trouve convaincant dans son style, direct et proche des gens ; je retiens deux chiffres pour l'an 2000 : « Danone a fait 4,7 milliards de bénéfices et accru de 17 % le bénéfice net des actions. »

Et Mamère de rappeler que Danone n'est pas le seul à restructurer, que cette fois encore le gouvernement ne brille pas par son action législative pour contrer la toute-puissance des multinationales ! Rappel douloureux au Premier ministre Jospin de cette petite phrase, en septembre 1999 : « Il ne faut pas tout attendre de l'État... » Au fait douloureux pour qui, pour les travailleurs ou pour lui ? Les deux.

Il est depuis peu devenu le candidat Jospin... et nous l'attendons.

11 mars : Arlette Laguiller, « toujours dans le camp des travailleurs ! » Je l'ai trouvée en forme, un sandwich-merguez dans une main et un verre dans l'autre. Le patronat en a pris pour son grade, « capitalistes qui ont un coffre-fort à la place du cœur » ; j'aime bien les expressions d'Arlette, toujours très imagées, et son courage aussi. Malheureusement, depuis vingt ans qu'elle bataille contre le système, rien n'a changé.

Ou plutôt si, mais en pire.

Franck Riboud quant à lui ne doute de rien. Campagne électorale ou pas, il déclare qu'après « l'affaire LU », « nos marques ont complètement retrouvé leur niveau d'avant la crise [1] » en terme d'image et ont renoué avec des « maxima historiques » en parts de marché en France.

Le grand patron paraît rassuré, nous ne serions plus qu'un mauvais souvenir, juste une formalité à remplir !

À la lecture de cette interview de Franck Riboud au journal *Les Échos* [2], je ne sais plus si je dois m'effondrer ou continuer à me battre.

« Si demain à la rue on se fait jeter, nous ne saurons plus pour qui voter », « Au gouvernement de nous montrer, que par les patrons il ne se laisse pas mener. »

À l'usine, les slogans fleurissent sur les murs et

1. *Les Échos*, 23 janvier 2002.
2. *Ibid.*

sur les tracts, qui justement entendent nous rappeler au bon souvenir d'un candidat très attendu par nous tous. Lionel Jospin, le Premier ministre, représente encore pour moi un espoir de changement et demain 13 mars, il est justement annoncé en déplacement au Génopole d'Evry, fleuron de la recherche française.

Quelques représentants des P'tits Lus iront donc à sa rencontre. En notre nom à tous.

Une première fois, en avril 2001, à Marcoussis où il était en déplacement, une délégation d'employés de l'usine a pu le croiser, en même temps qu'un groupe de salariés de Marks et Spencer, sur le carreau eux aussi. Aux uns et aux autres, le Premier ministre avait alors promis que leurs combats pour la sauvegarde de l'emploi seraient pris en compte dans le projet de loi de modernisation sociale. Depuis, rien. Et aucune réponse aux multiples demandes formulées par nos représentants syndicaux pour le rencontrer lui ou l'un de ses conseillers à Matignon.

Mercredi 13 mars 2002

Le candidat Jospin est donc venu rendre visite aux chercheurs... et il trouve des P'tits Lus en colère. Pas plus d'une dizaine, mais remontés comme s'ils jouaient leur va-tout. La scène, saisie par des journalistes radio et télé, est gravée dans les mémoires. On y voit un de nos délégués demander à Lionel Jospin ce que le gouvernement va faire contre les licenciements ; réponse : « Les emplois jeunes » ; réplique : « Vous pourriez vivre, vous, avec mille euros par mois ? »

Malaise, les conseillers du Premier ministre s'agitent un peu. Manuel Valls, le maire d'Evry, est tout près, qui connaît parfaitement le dossier et nos représentants ; il ne dit pas un mot. Le coup de grâce est porté par un collègue syndicaliste qui pointe l'arrogance des patrons : « Riboud nous a dit devant quarante témoins que les politiques, il leur crache à la gueule ! » Jospin, livide, tente une défense : « Je n'ai pas eu l'occasion de le rencontrer et il ne me l'a jamais dit à moi. » Les Lus s'emportent : « On se demande qui commande, le gouvernement ou les patrons ? On vous pose la question... et on se demande si on ne doit pas voter directement pour les patrons ! »

Lionel Jospin encaisse et lâche : « Essayez cette solution... » Il est déjà parti, entraîné par Valls.

Ratée la belle image du candidat aux côtés des travailleurs en difficulté !

Et sapés mes espoirs d'une vraie gauche.

Cette campagne m'éloigne des urnes. Mais en aucun cas je ne donnerai ma voix à cette gauche.

Mercredi 27 mars 2002

Ce qu'a manqué Jospin, Chirac vient de le réussir. Donner l'illusion que les Lus mènent un combat juste et qu'il les a bien compris. En déplacement au stade de Savigny-sur-Orge, en région parisienne, le candidat président a en effet pris quelques minutes sur son planning pour s'écarter de la bousculade et recevoir, à l'abri des oreilles indiscrètes, dans la loge du gardien du stade, notre délégation de délégués représentant la CGT, la CFDT et FO.

Un salarié venu avec une petite caméra filme la scène. Le climat se veut chaleureux, le président de la République écarte ses conseillers impatients qui craignent que cet aparté improvisé ne chamboule l'emploi du temps serré de leur patron.

Jacques Chirac fait preuve d'attention à l'égard de chacun des représentants syndicaux, les écoute, pose sa main sur le bras d'un des délégués d'un geste compréhensif... Et pirouette : « Nous avons un problème en France avec nos entreprises de moins en moins compétitives et qu'il faut aider à ne pas délocaliser... Vous en avez parlé au Premier ministre ? Riboud veut se présenter comme *le* patron social... Je vais appeler moi-même Mme Guigou. » Au sortir de la rencontre, nos représentants se disent bluffés par la manière dont Jacques Chirac a retourné la situation à son avantage en bottant en touche face à son adversaire socialiste.

Une équipe de télévision de Canal+ qui réalise un film sur les coulisses de la campagne saisit les visages surpris et déconcertés des P'tits Lus.

Ce soir, en relisant la presse de ces derniers jours, je tombe sur un article des *Échos* dans lequel le secrétaire général du groupe Danone, Jean-René Buisson, annonce qu'il a « bon espoir de reclasser

50 % du personnel d'ici à l'été[1] ». Je suis frappée par le décalage entre cet optimisme, les promesses des hommes politiques et la réalité de ce que nous vivons à Evry.

Ce M. Buisson qui parle tout le temps de nous dans les journaux, que sait-il exactement du personnel, lui qui n'a jamais mis les pieds dans notre usine ?

Lundi 8 avril 2002

Avant le 10 janvier 2001, je venais travailler chaque matin sans aucune appréhension ; maintenant c'est avec une boule dans la gorge que je franchis les grilles de l'usine. Je remarque que je n'emploie plus le terme de « portes », mais de « grilles ».

Je me sens comme aspirée dans une spirale sans fin et je ne m'en sors pas.

Aussi je me décide à consulter mon médecin traitant. Je lui explique que j'ai toujours une très grande difficulté à livrer mes sentiments, que je n'arrive plus à dormir, que je n'ai pas faim, envie de rien et peur que ma baisse de moral ne contamine ma famille.

Je crains d'augmenter le stress de mes enfants qui sont en période d'examens à la fac et je me rends bien compte que mon humeur changeante

1. *Les Échos*, 13 mars 2002.

et mes colères imprévisibles les perturbent. Je pleure pour un oui ou un non.

Je vide mon sac pendant une demi-heure ; il me prescrit un arrêt de travail de quinze jours. « Pas de tranquillisants, le plus urgent, ajoute-t-il, est de sortir de ce contexte ». Il me faut bien maintenant reconnaître que, si j'ai jusque-là essayé de me maintenir à flot, je suis comme la plupart des salariés de l'usine : je déprime.

Avant de quitter l'usine pour quelques jours, j'éprouve aussi le besoin de parler avec le médecin du travail, mon supérieur, de mon désir de souffler. Nous ne discutons que peu de temps : je n'aime pas me plaindre. Lui aussi est débordé par les visites, son cabinet ne désemplit pas.

Ce jour-là, il doit faire face à une urgence. Marie, une ouvrière intervenue ce matin sur une machine en mouvement, s'est sérieusement blessée à la main. Contrairement à son habitude, elle n'a pas pensé à arrêter la machine avant d'intervenir dessus.

La fatigue, le doute et le stress ont eu raison de sa rigueur et de son professionnalisme.

Entre deux patients, le médecin du travail comprend et accepte que je m'arrête quelque temps. Il faut prévoir une intérimaire pour qu'il n'y ait pas de carence au service médical. Pour moi, c'est important de savoir que le service sera assuré sans discontinuité. Cela me déculpabilise et m'aidera aussi sans doute à remonter la pente.

Ces quinze jours, je veux les passer à la maison entourée par ma famille, retrouver le sommeil, en finir avec mes cauchemars.

À la veille de mon départ, en consultant mes mails, je découvre une note de la communication interne adressée à tous les cadres par le directeur général de LU-France. Et qui, telle quelle, tombe pour le moins comme un cheveu sur la soupe !

Georges Casala, directeur général de LU-France, évoque une année 2002 dont l'enjeu sera de « faire grandir nos forces ». Comment peut-il ignorer que des forces, nous n'en avons plus ? Nous sommes tous vidés.

Lundi 17 juin 2002

C'est désormais de mon propre reclassement dont il s'agit. Un responsable du personnel me reçoit avec le sourire.

Il me propose un poste d'infirmière au siège LU en me spécifiant qu'on ne connaît pas encore l'adresse de ce nouveau siège. À cause de la fermeture de l'usine, les bureaux vont déménager et personne ne peut encore m'indiquer le lieu de mon futur travail.

Je signe la proposition sous réserve de pouvoir revenir sur ma décision.

De fait, cette signature me libère des courriers de relance adressés aux salariés pour faire la chasse à ceux qui, comme moi, ne se sont jamais rendus au REM, et les forcer à s'inscrire sur leurs listes de reclassement.

ON s'est occupé de mon cas, ON comprend, ON me propose d'être mutée au siège jusqu'à mon cinquante-cinquième anniversaire, et après... le chômage.

Je signe le papier de ON.
ON me souhaite bonne chance.

L'équipe du REM multiplie les bulletins d'information. Des chiffres, toujours des chiffres qui détaillent le nombre d'entretiens, les reclassements, les statistiques ; et si on parlait plutôt un peu des gens ? Je serais curieuse de savoir ce qu'ils deviennent.

Moral en berne, l'absentéisme est toujours en hausse et beaucoup d'ouvriers refusent de former les intérimaires sur les machines.

Les tensions sont palpables et le personnel de plus en plus nerveux.

Je ne reconnais plus l'usine, je ne connais pas les nouveaux arrivants.

Il n'y a plus la familiarité d'antan.

Plus les petites blagues et les sourires complices.

Les équipes de production, ou plutôt ce qu'il en reste, sont au bout du rouleau et attendent avec impatience le mois d'août, les congés payés.

Vendredi 28 juin 2002

On dit parfois qu'il n'y a pas de hasard... Le hasard hier soir a pris la forme d'un reportage sur les salaires des patrons au journal de France 2.

En pleine période de restructurations et de déprime boursière, les patrons ont vu leur salaire augmenter de 20 % en 2001 !

Ça m'a tellement écœurée que j'ai tout noté. La liste qui tue :

— Le P-DG de l'Oréal : cinq millions six cent mille euros, le plus gros salaire des patrons, sans les stock-options.

— Jean-Marie Messier : cinq millions d'euros de salaires (+ 20 %), alors que l'action Vivendi chute de 67 %.

— Serge Tchuruk, Alcatel : deux millions sept cent mille euros. Les chiffres contrastent avec les mauvais résultats de l'entreprise.

— Franck Riboud, P-DG de Danone : deux millions quantre cent mille euros.

— Michel Bon : trois cent cinquante mille euros, petit dernier du peloton même si l'action France Télécom a chuté de 82 % en un an.

Il fait très chaud dehors et moi j'ai froid.

Pour tous ceux qui restent encore à l'usine, il faut continuer à travailler, malgré tout. Faire comme si de rien n'était, ne pas trop réfléchir. Ne pas penser qu'on vient tous les jours faire son travail pour un patron qui nous vire. Que l'activité se réduit comme peau de chagrin, qu'on arrête des lignes de fabrication, que les intérimaires prennent peu à peu la place des équipes de copains.

Vendredi 2 août 2002

Les départs se poursuivent mais le REM est de plus en plus ressenti comme un dispositif aux ordres de la direction.

Un conseiller REM avec qui j'essaie de parler de temps en temps me confirme d'ailleurs que la pression est forte sur leur équipe pour qu'ils atteignent 100 % de reclassés. Faire du chiffre, encore une fois !

Les ouvriers sentent bien, ils me le disent, qu'on les presse de signer. Et plus l'injonction de reclassement se fait pressante, plus ils reçoivent de lettres recommandées chez eux, moins ils ont le sentiment de maîtriser leur vie, d'avoir le choix.

Je ne parviens pas à comprendre qu'on ne leur laisse pas ce temps de deuil, ce dernier petit souffle de liberté.

Les élus du personnel et les membres du CHSCT demandent à la direction une expertise sur les « risques de dégradation physique des salariés ». Le médecin du travail rappelle que le service médical et l'assistante sociale assument de leur mieux l'aide psychologique aux salariés, mais qu'il recherche un cabinet extérieur pour une intervention ponctuelle.

Cette année, la période des vacances d'été ne ressemble à aucune autre ; à ma connaissance, peu de salariés sont partis, par manque de moyens financiers et à cause de la rentrée à anticiper.

Quant à moi, j'ai prévu comme d'habitude de m'absenter en septembre.

La chaleur pèse comme une chape de plomb. Un mot me vient à l'esprit : agonie.

Jeudi 8 août 2002

Point de côté dans le dos et difficulté à respirer, j'ai l'impression de faire une crise d'asthme. En début d'après-midi, je vais consulter un pneumologue à la clinique du coin. Il suspecte une embolie pulmonaire. J'ai droit à une batterie d'examens en urgence et à des perfusions avec anticoagulant. Je préviens mon mari et mon chef, je les tiendrai au courant de la suite des événements. Tout cela se fait si vite que j'ai à peine le temps de m'inquiéter.

On me transporte en ambulance sous un violent orage sur l'autoroute du Sud vers une autre clinique pour une scintigraphie pulmonaire.

Les ambulanciers sont adorables et plaisantent avec moi pendant le trajet. Je me sens vidée, je ne pense plus à grand-chose mais j'ai un drôle de sentiment en me voyant m'éloigner de l'usine en ambulance. De l'autre côté de la vitre tombe une pluie battante.

L'examen est rassurant ; je sors de la clinique en fin de journée. Mon mari vient me chercher et je rentre chez moi avec un nouvel arrêt de travail de cinq jours. Deux arrêts de travail depuis le début du plan social, décidément j'accuse le coup.

À mon retour au service, on ne parle que de la procédure en justice que le comité d'entreprise a lancé contre la direction pour sous-traitance. L'avocat du groupe plaide pour que nos produits soient fabriqués ailleurs, en Belgique, en Argentine, au motif que notre outil de production n'est plus performant. La direction est finalement déboutée par le tribunal, mais il ne faut pas se faire d'illusions, la partie est loin d'être gagnée.

Pour l'heure, j'ai autre chose en tête, ou plutôt quelqu'un d'autre. Une petite bonne femme qui livre une autre bataille.

Sur son lit d'hôpital.

Julie s'éteint doucement. Ses copines de l'atelier se relaient depuis des semaines à son chevet, pour la bichonner, lui faire sa toilette, lui tenir compagnie. Il n'y a pas eu de réunions de crise ni de mot d'ordre. Les choses se sont faites comme ça, naturellement. Pendant que nos dirigeants croupissent dans leurs calculs, la solidarité ouvrière demeure. Pour leurs reclassements, les copines de Julie verront plus tard.

Elle, je l'ai toujours connue au conditionnement des Pépito®.

Courageuse Julie, toujours de bonne humeur, une sorte de titi parisien. Lorsqu'elle m'a annoncé qu'on lui avait diagnostiqué un cancer du poumon, en 2000, elle semblait décidée à se battre. Elle était en arrêt maladie avant l'annonce de la fermeture, qu'elle a apprise comme tout le monde, dans la presse.

Elle m'a appelée plusieurs fois à l'infirmerie, elle était inquiète pour ses enfants, s'il lui arrivait quelque chose... Je l'ai rassurée en lui expliquant que sa prise en charge de longue maladie serait intégrée au plan social.

En plein traitement, elle a éprouvé le plaisir de revenir à l'usine, deux ou trois fois ; elle maigrissait à vue d'œil, elle avait beaucoup changé, mais son besoin de retrouver ses copines ouvrières prenait le dessus. Je les voyais rire comme des adolescentes, je savais que c'était une grande partie de sa vie, l'usine.

Une fois, je suis allée chez elle avec une contremaîtresse qui l'aimait bien ; elle nous a fait un café, on lui a offert un parfum, elle souriait. Je me suis réjouie que l'usine ne soit pas encore fermée, qu'elle ne voie pas ça. Je savais qu'elle ne tiendrait pas longtemps.

Une de ses copines venait presque chaque jour à l'infirmerie pour pleurer. Je lui répétais que la vie allait continuer, qu'il le fallait, avec ou sans Julie, avec ou sans l'usine.

Julie est décédée au milieu de l'été. Tout son atelier s'est rendu à ses obsèques. Et comme à chaque événement heureux ou malheureux de nos vies, nous étions tous ensemble.

Après sa mort, son fils a un peu travaillé à l'usine, en tant qu'intérimaire ; j'ai trouvé bien de la part de la direction de lui donner ce travail.

Août 2002

Un nouveau directeur arrive. Notre « dirlo » part du jour au lendemain. J'ignore la raison de son remplacement. Sans doute veut-on l'empêcher de fermer l'usine. Je trouve ça moche. On s'entendait bien avec lui, trop bien ?

Les décisions qu'il a prises et les propos qu'il a tenus en tant que directeur ne m'ont pas toujours plu et souvent j'ai été en désaccord avec ses positions, notamment sur le REM ; mais il n'avait pas l'air d'avoir conservé une grande liberté de choix durant cette période.

La direction a dû juger qu'il était trop proche des gens. Il avait ainsi tenté de nous réconforter : « Rassurez-vous, je partirai en même temps que vous, j'irai jusqu'au bout, rassurez-vous, j'ai les clefs de l'usine. »

Et voilà qu'ils le mutent au siège à Athis-Mons.

Il avait l'air mal en partant, écœuré... Un jour peut-être aurai-je de ses nouvelles ?

Octobre 2002

Les jours passent et se ressemblent. Les salariés qui n'ont pas pu ou pas encore voulu se reclasser viennent de plus en plus au service médical ; et les kilos de bonbons défilent !

J'entends surtout les gens dire qu'ils n'ont « pas le courage de tout recommencer à zéro ».

Comme ce couple venu me voir l'autre jour,

tous deux employés dans les chaînes de conditionnement depuis seize ans pour lui, dix pour elle, désespérés parce que la maison qu'ils se sont achetée à crédit est à peine remboursée et qu'ils estiment que ce plan social était prévu depuis longtemps, qu'on les a laissés s'endetter sans rien dire.

Malgré tout ce que l'on vient de vivre depuis des mois, j'ai encore peine à croire à tant de brutalité. J'aimerais tellement savoir quand cette idée de restructuration a réellement germé dans l'esprit de Danone.

C'est maintenant un bras de fer qui s'engage avec les plus résistants, et sur tous les fronts.

Les salariés les plus énergiquement opposés à la fermeture, ceux qui ne vont pas au REM – ils sont environ une soixantaine –, assurent de leur côté que le groupe Danone veut briser les usines socialement à la pointe.

Le problème des intérimaires est pour l'heure la meilleure occasion de continuer à faire savoir, notamment par la presse, ce qui se passe à Evry.

Des contrôles ont été effectués l'année dernière et cette année par l'inspection du travail. Et son rapport, dont j'ai la copie, est très sévère pour la société LU.

Il indique que « l'examen précis des successions de contrats de mission des salariés intérimaires fait apparaître qu'une part importante d'entre eux a pourvu durablement des postes de travail permanent[1] », exemples à l'appui : des emplois d'agents de production ou de pétrisseurs dans les années 1998, 1999 et 2000.

Et avec pour les ouvriers concernés cinquante-six, soixante-cinq, quatre-vingt-trois et jusqu'à quatre-vingt-dix-huit contrats d'intérim !

Il s'agit, selon moi, d'un manquement absolu aux règles du monde du travail, et qui, précise l'inspecteur, ne concerne que « les cas les plus exemplaires de l'abus de recours au travail précaire ».

Pour sa défense, Danone plaide que le refus de travailler de certains employés a entraîné l'embauche d'intérimaires. Mais en 1999 ou 2000, il me semble que cette affaire n'avait pas commencé et qu'il n'y avait pas d'absentéisme notable !

Novembre 2002

Le secrétaire du CHSCT et des délégués CGT ont souhaité nous voir, le médecin et moi-même. Il s'agit de signer une lettre qui demande à la direction une expertise sur l'état de santé mental des salariés et les conséquences de l'annonce de la fermeture de l'usine.

Le médecin répond spontanément qu'il est bien placé dans le service pour se rendre compte des conséquences de cette annonce.

Il réclame également un délai de réflexion avant de prendre la décision de signer cette lettre ou pas.

---

1. Inspection du travail, 2 juillet 2002.

Quant à moi, je reste évidemment libre de signer ou non.

La question qui se pose dans cette situation est simple : le service médical doit-il, à travers une initiative militante, prendre parti dans ce conflit.

Tiraillés entre les syndicats et la direction, il y a les salariés, ceux que nous rencontrons tous les jours à l'infirmerie.

Le médecin choisit la neutralité tout en réaffirmant que sa priorité est de préserver la santé des salariés ; il me laisse libre de mon choix.

Cas de conscience. Les gens de l'usine savent bien que je suis proche des syndicats et que je ne peux pas adhérer aux thèses avancées par la direction pour justifier cette fermeture.

Je pense néanmoins qu'il faut que le service médical continue à rester neutre dans cette situation, qu'il se doit de recevoir tout le monde, personnels ouvriers et cadres.

Mes convictions n'ont pas changé. Je suis fondamentalement opposée à ce qui se passe. Je continue à aller aux manifestations et à répondre favorablement aux mots d'ordre de grève. Mais dans mon métier, il serait indigne de faire la différence entre grévistes et non-grévistes.

Les salariés de tous bords sont les bienvenus dans le service et il me paraît impossible d'afficher ouvertement devant eux notre opinion. Je décide de ne pas signer la lettre.

Le médecin et moi avons l'habitude d'entendre des sons de cloches différents et nous ne sommes pas là pour juger.

Cadres et ouvriers sont avant tout des hommes et nous sommes les témoins de leur détresse au quotidien.

La tristesse et le désarroi n'appartiennent pas qu'à une seule catégorie de salariés.

Les délégués CGT n'ont pas apprécié que l'on ne signe pas cette lettre.

Je continue malgré tout à faire mon travail, ce qui m'est de plus en plus difficile à supporter moralement. Raison de plus pour ne pas entrer dans une polémique stérile.

Chapitre V

MON INFIRMERIE, SERVICE D'URGENCES

Avec un bénéfice net record, Danone a dépassé ses objectifs en 2002. Profit net : un milliard huit cent mille euros.

Le groupe alimentaire français affiche sa bonne santé en gros titres dans la presse économique.

Mais le plan social « Rolls Royce » peine à séduire les salariés. Deux années déjà que les P'tits Lus ont vu le ciel leur tomber sur la tête. Et une année déjà que le REM s'est mis en place.

Les ouvriers d'Evry ne rêvent plus de châteaux en Espagne et une centaine d'entre eux refusent toujours de se présenter au REM. Pour ces derniers, l'espoir de voir la fermeture de l'usine suspendue demeure.

Mais pour les autres, engagés dans le dispositif de reclassement, l'équation est toujours la même : accepter le premier poste proposé ou attendre encore en espérant trouver mieux. Dans les deux cas, l'écart salarial avec LU est très important (20 % en moyenne) et la pérennité de l'emploi n'est pas garantie.

Certes la direction de LU affirme qu'en ce début d'année 2003 la moitié des salariés a trouvé « une solution ». La plupart ont opté pour la mutation en interne dans les autres usines du groupe en France, les autres tentent leur chance dans des entreprises extérieures de la région parisienne à qui Danone verse une prime d'aide à l'embauche : quatre mille cinq cent soixante-dix euros pour les moins de cinquante ans et sept mille six cents euros pour les plus de cinquante ans. Mais il arrive de plus en plus souvent qu'au bout d'un mois ou deux, l'entreprise en question garde la prime, mais pas le salarié.

Retour à la case départ, avec ou sans le REM.

Et plutôt sans le moral.

Dans ces conditions, l'objectif principal revendiqué par les auteurs du plan social semble bien difficile à atteindre. Il prétendait en effet qu'aucun salarié sans solution ne serait licencié avant la fermeture complète de son usine, c'est-à-dire avant juin 2003 pour Calais et juin 2004 pour Evry.

Les dirigeants de Danone réussiront-ils là où tant d'autres ont échoué ? Cela relèverait du miracle dans la sphère cruelle des plans sociaux.

Un rapport de janvier 2003 confirme d'ailleurs qu'il n'y a que très peu de reclassés heureux. Rédigé par Claude Viet, chef de la mission interministérielle sur les mutations économiques, et remis à François Fillon, ministre des Affaires sociales et du Travail, il parvient aux conclusions suivantes : un an après un plan social, le taux de reclassement dépasse rarement 50 %. Selon le rapport, près de la moitié des cadres retrouvent un contrat à durée indéterminée dans la première année contre seulement 20 % des ouvriers. Enfin, les victimes de plans sociaux industriels sont rarement polyvalents et n'ont jamais bénéficié de formations.

Ce rapport semble dresser au détail près le portrait-robot des salariés de l'usine d'Evry.

Lundi 5 janvier 2003

Les employés ont de plus en plus de mal à venir au travail, à se lever tôt, à 4 ou 6 heures, alors qu'ils ont pris des médicaments pour dormir.

Arriver abruti le matin dans une usine où tu ne reconnais plus tes copains, puis lire sur la porte de ton vestiaire des insultes au motif que tu n'as pas fait grève et que tu es allé au rendez-vous de la cellule de reclassement, ça en démotive plus d'un.

Certains me confient avoir énormément de mal à affronter le regard des copains qui leur reprochent d'aller au REM, alors qu'eux ne s'y rendent que pour sauver ce qu'il leur reste et protéger leur famille. Ils me disent souffrir de ce mur d'incompréhension qui s'est dressé entre eux et des collègues qu'ils apprécient depuis des années. Souffrir de ne plus boire leur café ensemble, de retrouver ses pneus de voiture crevés sur le parking, de devoir changer leurs habitudes, de parfois passer des journées entières sans parler à personne de leur atelier.

Pour beaucoup d'hommes et de femmes, l'usine devient progressivement une inconnue.

Ces récits me peinent et me révoltent. Après tout, pourquoi certains salariés devraient-ils se sentir des traîtres, alors qu'ils sont licenciés comme tout le monde !

J'ai pour ma part décidé d'aller jusqu'au bout de l'histoire, jusqu'à la date de fermeture, et de continuer à me rendre à chaque séance de tribunal et à chaque manifestation. Je ne veux pas baisser les bras.

C'est vrai, j'ai parfois été tentée de partir, mais là je me dis NON !

Les employés continuent à venir se réfugier au service médical où ils cherchent un peu de calme. Les conséquences de l'annonce de fermeture apparaissent jusque dans mes commandes de fournitures. Les mouchoirs en papier ont remplacé les compresses. Et les anti-inflammatoires, les pommades, les comprimés contre les maux de tête ont aussi progressivement laissé la place aux produits anxiolytiques. Je tiens un registre journalier dans lequel je consigne toute mon activité. Le médecin du travail en a connaissance.

Quels que soient les services, je dresse partout le même constat dans l'usine : les corps lâchent. La preuve en est que les accidents de travail augmentent. La santé des salariés se dégrade au fil des mois, je le vois à travers l'évolution des pathologies. Aux crises d'angoisse des premiers mois succèdent maintenant de nombreuses crises de spasmophilie, qu'il m'est difficile d'apaiser seule. Je suis donc souvent obligée de faire appel à une aide extérieure, en l'occurrence le médecin traitant, quand le médecin du travail n'est pas avec moi au cabinet médical.

Les employées du service du personnel sont elles aussi en première ligne pour gérer le stress des salariés, qui viennent les voir pour leurs soldes de tout compte et leurs relevés de carrière, mais aussi pour en savoir plus sur ce qu'ils vont toucher et sur leur couverture par la Sécurité sociale et la mutuelle après leur départ.

Vendredi 10 janvier 2003

À 10 heures ce matin, je reçois le coup de fil d'un pompier, un mécanicien a fait un malaise.

Bertrand est amené au service médical par des collègues et le pompier.

Heureusement le médecin est là aujourd'hui, nous pratiquons ensemble un électrocardiogramme en urgence. Il est ensuite transféré dans un service hospitalier pour surveiller son rythme cardiaque. Il sortira au bout de vingt-quatre heures avec un arrêt maladie et une prescription médicamenteuse.

Pour le médecin comme pour moi, il ne fait aucun doute que le malaise de ce mécanicien n'est pas étranger à la pression qu'il subit depuis l'annonce de la fermeture et la perspective de son licenciement.

Depuis le début du mois, j'ai réalisé plus d'électrocardiogrammes qu'en une seule année.

Les conflits entre salariés se terminent de plus en plus souvent à l'infirmerie.

Vendredi dernier, deux d'entre eux en sont venus aux mains ou plus exactement aux poings. J'ai dû les soigner séparément en me gardant bien d'en parler à une direction qui n'attend peut-être que ça pour licencier sans indemnités.

Je n'ai donc pas consigné ces incidents sur le registre de l'infirmerie pour éviter des ennuis supplémentaires aux deux ouvriers. Pourtant je me suis vraiment interrogée sur la manière dont je devais à présent exercer mon travail. En taisant des informations à ma direction.

J'espère que de tels cas de conscience ne se répéteront pas. Mais à situation exceptionnelle, réaction exceptionnelle.

Je suis plutôt rassurée de voir que les salariés gardent confiance en moi bien que je sois dans l'encadrement, et qu'ils viennent me demander des choses difficiles à dire pour eux. Gilles, un ouvrier de fabrication est passé un matin à l'infirmerie. Il souffrait du dos et m'a avoué ne plus pouvoir travailler. Après l'avoir examiné et lui avoir prescrit des médicaments contre la douleur, je lui ai proposé d'aller consulter son médecin traitant. Mais à ma grande surprise, il m'a demandé de lui indiquer un psychologue dans le secteur. L'expression « en avoir plein le dos » prenait ici tout son sens !

J'ai considéré qu'un arrêt maladie pour l'éloigner de son environnement lui ferait plus de bien que tous les anti-inflammatoires que pourrait lui prescrire un rhumatologue.

Les maux d'estomac et les digestions difficiles sont aussi devenus mon lot quotidien à l'infirmerie.

Marc en est un bon exemple, chez qui les brûlures à l'estomac ne se calment que le week-end et pendant les périodes de vacances. Devant ses demandes presque quotidiennes, j'ai fini par lui donner de petites pastilles jaunes qui sont en réalité un placebo. Cela fonctionne plutôt bien et au moins il ne se bourre pas de médicaments.

Ce genre d'anecdote peut prêter à sourire, d'autres beaucoup moins. Comme celle de Marcel, parti une fin de semaine à une fête de la bière en Allemagne, et qui le dimanche soir n'a pas pris le bus de retour.

Sa famille, très inquiète, et nous-mêmes sommes restés deux ou trois jours sans nouvelles avant qu'un document médical en allemand nous parvienne. Marcel avait été découvert par des passants sur un banc... Il ne se souvenait plus de rien. Une prise en charge en France a pris le relais et il a été suivi pendant plusieurs mois par des psychiatres. Marcel s'est remis doucement de sa fête de la bière ratée. Il a repris le travail mais est resté très fragile.

Je parle souvent avec lui car il ne veut plus voir

de psy. Il n'est aujourd'hui plus suivi par un spécialiste, et ce malgré des tentatives de suicides répétées. Que se passera-t-il lorsqu'il sera licencié comme tous les salariés de l'usine et jeté dehors, à la merci d'une rechute ?

Qui s'en soucie ? Après tout, il va toucher son indemnité de licenciement et bénéficier du plan « Rolls Royce » !

Il y a encore Dominique, ouvrière à l'emballage depuis quinze ans, qui ne dort plus depuis des semaines et fait des cauchemars. Elle vient souvent s'allonger un quart d'heure à l'infirmerie et me raconte toujours la même chose. Elle se revoit sur le bateau qui la ramenait d'Alger en 1962 et cette image devient pour elle obsédante.

Elle associe son départ d'Algérie lorsqu'elle était petite fille et ne comprenait pas vraiment ce qui se passait à cette mise à la porte de son travail sans explications valables et justifiées.

Avec le sentiment que sa vie est détruite une deuxième fois.

Dominique me confie que pour tenter d'oublier ce qui la fait souffrir, elle s'est mise à boire, le week-end quand elle se retrouve seule dans son appartement.

Ses deux enfants sont grands, ils vivent en province et elle ne veut rien leur dire de sa maladie. Heureusement, son psychiatre, une femme, l'aide beaucoup. Que va-t-elle devenir sans le travail, elle aussi ?

Dominique a cinquante-cinq ans, elle fait partie des « mesures d'âge » du plan social. C'est donc une affaire classée pour Danone.

Mardi 28 janvier 2003

Gérard, pétrisseur, débarque au service médical en larmes et très excité. Je lui propose de s'allonger mais il se met à hurler et à vouloir tout casser dans ma boutique. Et le médecin du travail qui n'est pas là !

Les hurlements et les appels de Gérard résonnent jusque dans le couloir à l'extérieur de mon service mais il n'y a personne pour venir m'aider à le calmer. Incapable de maîtriser mon patient qui se déchaîne de plus en plus, je parviens à joindre par téléphone un agent de sécurité qui arrive en renfort.

À deux, nous essayons de calmer Gérard qui maintenant appelle son papa. Je téléphone à son médecin traitant et lui explique la situation.

« Faites lui une injection de Valium® » me répond-il.

Je refuse car je n'ai pas le droit d'administrer une prescription par téléphone exception faite du SAMU qui enregistre les conversations. Le médecin accepte finalement de passer dans mon infirmerie et fait une injection à Gérard qui retrouve son calme au bout d'une heure.

En fin d'après-midi, nous pouvons enfin discuter tranquillement et Gérard me raconte ses angoisses et ses craintes pour son avenir.

Il n'a aucune qualification et dit perdre tous ses moyens devant les gens du REM. Il n'ose pas en parler chez lui et pense que tous ses copains d'usine se moquent de lui parce qu'il n'a pas d'emploi.

Je lui explique tant bien que mal qu'il doit essayer de changer d'interlocuteur au REM. Que ses copains ne le trouvent certainement pas ridicule et qu'ils ont eux aussi leurs problèmes.

Gérard a quitté le service médical un peu soulagé. Au moins pour aujourd'hui. C'est quand même bien triste d'être obligé d'injecter du Valium® dans l'infirmerie d'une entreprise qui continue à faire des bénéfices.

Les actionnaires du groupe Danone sont-ils avertis de ce qu'il se passe dans la France d'en bas, si chère à nos hommes politiques ?

Il me vient à l'idée qu'ils devraient être obligés de faire un stage dans mon service pour voir à quoi ressemblent les victimes d'un licenciement boursier. Comme dans les services hospitaliers qui accueillent les grands handicapés victimes d'accidents de la route, que les chauffards sont condamnés à aller visiter pour se rendre compte des vies brisées par leur inconscience.

Quoi qu'il en soit, les salariés ne sont décidément pas prêts à faire le deuil de l'emploi et le sentiment de rejet est collectif. Cette entreprise représente pour tant d'hommes et de femmes une famille ; la plupart sont là depuis vingt ou vingt-cinq ans, certains ont vu naître l'usine, beaucoup se sont aimés ici, des couples se sont formés, des enfants sont nés...

Comment m'y prendre ? Que puis-je leur dire ? Comment les soulager ?

Je n'ai pas envie de leur mentir, mais moi-même j'en sais si peu.

L'usine est un enfer sous Prozac®.

Les mois passant, je doute de plus en plus de l'efficacité des équipes du REM. L'autre jour par exemple un ouvrier qui est employé ici depuis des années au conditionnement des biscuits m'a raconté qu'on lui a proposé un poste dans un abattoir ! Bonjour le symbole.

On l'a dit, tous les salariés qui travaillent encore ici sont particulièrement sensibles aux difficultés de reclassement de certains de leurs ex-collègues. Pour ces derniers, qui ont à peine eu le temps de reprendre confiance en eux, l'échec est d'autant plus rude. J'en vois un certain nombre revenir après quelques semaines, disant que c'est trop dur dans leur nouvelle entreprise, que l'employeur leur met une pression maximum ou que la charge de travail est harassante.

Les exemples d'échec se succèdent.

Maryline, quarante-deux ans, ex-ouvrière au conditionnement des Chipster®, craque après un mois et demi de ménages la nuit dans les bureaux d'une grande société informatique. Louis, quarante-neuf ans, ancien agent de maintenance, dont la femme menace de le quitter parce que son nouveau travail de chauffeur routier le tient loin de la maison toute la semaine. Antonio, trente et un ans, mécanicien à Evry depuis ses dix-huit ans, content d'avoir retrouvé un poste dans un garage proche de chez lui, lequel a mis la clé sous la porte. Suzy, trente-huit ans, secrétaire, dont la santé est si fragile qu'elle doit s'arrêter régulièrement et que son nouveau patron a préféré renvoyer chez elle à la fin de son mois d'essai. Et enfin ce couple, Christian et Marie, lui ex-pétrisseur, elle ouvrière depuis dix ans sur les lignes Pépito® ; ils venaient de finir de payer leur pavillon et ont accepté de tout quitter pour recommencer avec leurs trois enfants à Volvic. Là-bas, Danone proposait à Christian un poste au conditionnement des eaux et promettait à sa femme de l'aider à retrouver un emploi. Mais voilà, un an plus tard, Marie est toujours au chômage et la famille tire le diable par la queue.

Je ne parle bien sûr pas des nombreux salariés à qui les nouveaux patrons ne renouvellent pas le contrat après un premier CDD de quelques mois ; et ce sans aucun motif, après avoir promis une embauche.

À croire que certaines entreprises n'emploient des P'tits Lus que pour la prime que leur verse Danone !

Chez toutes ces personnes très déstabilisées professionnellement se développe un profond sentiment d'échec, où se mêlent culpabilité et complexes d'infériorité, que les belles statistiques des dirigeants de LU ne prennent évidemment pas en compte.

Ici et là dans la presse, je lis que pour Danone la priorité reste au reclassement interne. Les chiffres qui paraissent régulièrement indiquent qu'entre février et juin 2002, cent soixante-sept salariés d'Evry ont retrouvé un poste dans le groupe. Il n'est pas dit en revanche s'ils y sont restés. Et malgré les demandes des syndicats, il n'y a toujours aucun suivi personnalisé des mutations.

Au quotidien, l'équipe du REM continue d'essuyer les critiques. Un ouvrier de l'hygiène nous a raconté l'autre jour ses dernières aventures avant sa mutation. Il doit poursuivre sa carrière à Cestas en Gironde, et, d'après la direction, il n'a aucune inquiétude à se faire, le REM s'occupe de tout.

Mais l'envers du décor est tout autre : pas d'avance d'argent, le salarié doit payer tous les frais de transport et d'hôtel. Et lorsqu'il appelle de là-bas son correspondant du REM à Evry, on lui répond que celui-ci est en vacances, qu'il doit s'adresser au correspondant REM de Cestas... qui, renseignements pris, est lui aussi en congé.

Ce genre de déboires n'est pas fait pour rassurer ceux qui restent, et qui s'interrogent encore sur la meilleure décision à prendre.

J'ai l'impression d'avoir à faire face à une épidémie, je les vois dégringoler les uns après les autres, je me sens démunie. Et je n'ai à ma disposition aucune de ces cellules de soutien psychologique mises en place après un accident, un déraillement, un détournement. Ces dispositifs sont à la mode partout en France, sauf chez nous !

Je sais soulager les brûlures à l'estomac mais pas les brûlures de l'âme.

Pour ne pas sombrer moi-même, et aussi pour me prouver que je peux encore être utile, j'essaie de me documenter sur la question des restructurations et sur la santé au travail dans ce cas de figure.

Dans un rapport commandé par Lionel Jospin en 2000, l'un des spécialistes en mutations industrielles, Jean-Pierre Aubert, affirme qu'« il n'y a pas de reconverti heureux ».

Je découvre à travers des livres et des articles parus dans la presse professionnelle que nos souffrances sont bien connues des spécialistes. Que la longue liste des affections dont je suis témoin, crampes, ulcères, eczéma, migraines, troubles du sommeil, phobies, et aussi aggravation de l'alcoolisme et des violences physiques, renvoie à des symptômes identifiés. Notamment par des médecins du travail d'entreprises soumises à des plans sociaux et qui ont mené ensemble en 1998 une étude intitulée « Perte d'emploi et santé ».

Leurs constats font peur, qui disent les liens directs entre les restructurations et les problèmes de santé, psychologiques mais aussi physiques, des salariés. Les experts ont ainsi souvent établi une corrélation entre la perte d'emploi et le développement de cancers.

Ces conclusions me confortent aussi. Elles confirment que ce que nous vivons est bien violent, que nous sommes bien des victimes et non des enfants gâtés incapables de s'adapter, comme on essaie de nous le faire croire.

Je m'aperçois ainsi, et c'est le pire, que Danone a cherché à culpabiliser ses salariés, et souvent réussi d'ailleurs. À force de s'entendre répéter qu'eux seuls peuvent décider de leur avenir, que s'ils n'acceptent pas de déménager ou de changer de travail, c'est tant pis pour eux, les ouvriers ont totalement perdu confiance en eux, finissant par penser qu'ils sont responsables de leur échec.

Ce renversement des rôles me donne la nausée et l'envie de prendre mes jambes à mon coup. Fuir.

Certains jours j'envie vraiment ceux qui signent tous les papiers qu'on leur présente et s'en vont sans se retourner. Je n'arrive même pas à en vouloir aux copains qui sont partis sans dire au revoir.

J'avoue que si j'avais vingt ans de moins, j'aurais fait la même chose, prendre le fric et aller ailleurs.

Il y a quelques semaines, on a appris la mort d'un ouvrier.

Il avait quarante-six ans.

Il a tué sa femme avant de se donner la mort.

Il travaillait à Evry depuis 1977, son fils aussi, depuis peu.

Il n'allait pas bien et buvait. Ses collègues le trouvaient dépressif.

Les représentants du personnel ont parlé de disputes dans le couple au sujet d'une mutation éventuelle.

La direction de Danone a précisé qu'« il ne fallait pas faire d'amalgame entre le geste de cette personne et le plan social ».

Quatrième partie

Le compte à rebours

Chapitre I

Travailler malgré tout

Depuis l'annonce de la fermeture, le débat s'est tout naturellement concentré sur la légitimité des licenciements chez LU. Avec le plan social, il s'est élargi à la difficulté d'une offre de reclassement satisfaisante pour chacun des salariés. Mais dans la presse et les déclarations officielles, on a peu entendu parler des conséquences psychologiques de la restructuration. Or l'impact de tels changements sur la santé des individus et sur l'équilibre des familles est réel. Bien connu des spécialistes du monde du travail, il n'est pas encore suffisamment rendu public.

C'est justement pour mesurer la gravité de la situation dans leur usine que les membres du CHSCT ont demandé qu'une expertise soit réalisée.

Encore peu utilisé, le droit à ce genre d'expertise sur la souffrance au travail est né en France avec les lois de 1982 ; la notion de « risques graves » qui le motivait fut élargie en 1992 aux « projets importants modifiant les conditions de travail ».

Un droit qui a souvent fait l'objet de contestations de la part des employeurs.

D'ailleurs, la direction de LU n'y était dans un premier temps pas favorable. Mais pour ne pas faire de vagues supplémentaires, elle accepte finalement la requête, fin 2002.

Le cabinet Émergences, qui réalise 40 % des expertises en France, est chargé du dossier. C'est le CHSCT qui le choisit, occasion rêvée pour ses détracteurs de rappeler qu'Émergences est plutôt proche de la CGT ; son siège se trouve lui aussi à Montreuil.

Pourtant, la légitimité du cabinet est incontestable. Agréé par le ministère du Travail, il est, comme tous les autres cabinets en exercice, évalué régulièrement par l'Agence nationale d'amélioration des conditions de travail (ANACT) ; de ces évaluations dépend le renouvellement de l'agrément.

C'est donc bien une équipe indépendante et professionnelle qui arrive en février 2003 dans les locaux de l'usine d'Evry. Des bureaux ont été mis à la disposition des deux experts, un ergonome et un sociologue, pour recevoir les salariés volontaires.

Ils ont besoin d'une trentaine de jours de travail, à mille trois cents euros par jour, payés par LU, et disposent d'un accès assez large à l'usine. Les experts sont sensibles au fait qu'ils peuvent assister à la vraie vie des services, y compris à des réunions improvisées et tendues.

Le but de l'enquête est de donner la vision la

plus objective de la situation et sûrement pas de faire le procès de la direction.

À travers les entretiens menés, qui ne sont pas des consultations médicales, c'est la nature du lien entre le salarié et son entreprise qui est explorée. « On peut dire que les gens vont mal. Il y en a qui pleurent, qui ne dorment plus. On va essayer d'expliquer pourquoi, essayer de comprendre aussi pourquoi beaucoup refusent de se présenter au REM, la cellule de reclassement[1] *» affirme alors Jean-Baptiste Delabie, l'un des deux experts d'Émergences.*

Dans le cas de cette étude chez LU, la situation est inédite. En effet, là où les expertises sont en général sollicitées pour améliorer les conditions de travail dans une entreprise et servir en quelque sorte d'arbitre entre patron et salariés, il s'agit ici d'intervenir dans un contexte de fermeture, ce qui change tout.

À Evry, personne ne peut plus se projeter dans l'avenir.

À l'heure de la multiplication des plans sociaux et des restructurations, cette interprétation apporte un éclairage prospectif précieux.

---

1. Rapport d'expertise sur la souffrance au travail dans le cadre de la fermeture de l'usine LU de Ris-Orangis-Evry, 2 juin 2003.

Les conclusions du rapport, qui sera donc remis aux deux parties, CHSCT et direction, fin juin 2003, laissent peu de place au doute quant à la souffrance subie. La soudaineté de l'annonce, le sentiment de trahison et la conduite erratique du processus de reclassement en sont les principales raisons.

« Perte physique, amputation, fin d'une histoire, disparition des derniers témoins », les termes qui reviennent le plus souvent dans les propos des salariés sont éloquents et révèlent combien le deuil est difficile à faire.

L'étude met en évidence des troubles somatiques et psychiques récurrents apparus au premier choc, celui de la révélation en 2001, et réactivés au second lors de l'annonce de la fermeture anticipée début 2003.

Troubles du sommeil et de l'alimentation, réactions cutanées, apathie, irritabilité, dépression, idées suicidaires... Autant de symptômes qui ne se sont pas dilués avec le temps, bien au contraire. Car le délai exceptionnellement long de la mise en place du plan social a renforcé la posture de refus des salariés. Impossible pour eux d'accepter la fermeture tant que durent les procédures en justice et qu'ils restent tiraillés, déchirés.

Entre les consignes radicales de certains syndicats et la pression exercée par les équipes de reclassement du REM pour faire signer à tout prix, les ouvriers se trouvent des refuges de fortune. L'absentéisme est le premier d'entre eux, le repli sur soi et l'isolement suivent.

Consciente, mais tardivement, de ce malaise, la direction a fait intervenir un cabinet spécialisé dans la gestion de situations de stress. Séances de coaching et groupes de parole n'ont trouvé qu'un faible écho auprès des salariés et ont fait naître un nouveau sentiment, la culpabilité. C'est l'effet pervers de cette intervention de psychiatres extérieurs ; car « la pathologisation d'un problème social », explique l'expertise, renverse les rôles.

En clair, si les choses se passent mal, c'est que les salariés le veulent bien. Refuser les mutations et offres de reclassement, c'est leur responsabilité, ils ne peuvent s'en prendre qu'à eux-mêmes !

Les experts appellent cela « le blâme de la victime ».

Et cette blessure-là, rien ne peut, en la circonstance, la réparer.

Pas même la perspective d'un nouvel emploi.

Il apparaît évident que l'attachement des salariés à leur entreprise est un lien quasi viscéral que ne peuvent rompre ni les promesses d'indemnités financières, ni les déclarations de bonnes intentions d'un patron. A fortiori si celui-ci ne parle à ses employés qu'à travers la presse ou des communiqués officiels.

L'expertise du cabinet Émergences conclut ainsi : « Quel que soit le devenir des salariés du site, les études à long terme tendent à démontrer que les effets du traumatisme perdureront chez beaucoup de personnes, même quand le reclassement aura été assuré. »

Lorsque les derniers ateliers auront fermé, personne ne sera plus là pour chercher à savoir ce que deviennent vraiment les P'tits Lus.

Personne pour les accompagner dans la reconquête de leur identité perdue.

Mercredi 29 janvier 2003

Logiquement, la justice donne tort à notre employeur sur son recours excessif aux intérimaires.

Longue bataille et belle victoire pour nous tous.

Le tribunal des prud'hommes requalifie les contrats de travail de quatorze intérimaires en contrats à durée indéterminée et ordonne la réintégration de ces salariés dans l'entreprise.

Cette décision de justice exceptionnelle est un véritable camouflet pour nos dirigeants. Qui n'hésitent pas néanmoins à faire appel. Leur avocat a même osé affirmer devant le tribunal que les fiches de paie de nos collègues intérimaires étaient fausses !

Cette réaction m'écœure, j'y vois l'expression d'un sentiment d'impunité totale et aussi la volonté de jouer le chronomètre. Car plus le temps passe, plus la mobilisation est difficile à tenir.

Actuellement, selon les syndicats, seule une centaine de personnes sur les quatre cents que comptait l'usine ont bougé. Chiffre bien sûr contesté par la direction. Mais tous les jours, je reçois de plus en plus de salariés tentés de partir avant qu'il ne soit trop tard, avant d'avoir le dos au mur, dans un an et demi maintenant, en juin 2004.

Les intérimaires vivent plus difficilement la situation ; parfois considérés comme des parias, ils sont souvent exclus de la lutte collective. Je réalise cela en écoutant mon fils de vingt-trois ans me raconter après coup sa propre expérience. Il a été embauché ponctuellement l'été dernier pour gagner un peu d'argent et partir en vacances, peut-être aussi pour mieux comprendre ce que je vivais.

Voici donc le regard de Stéphane, qui a souhaité laisser une trace de plus :

« J'ai passé six semaines à Evry après un stage non rémunéré de quatre mois en laboratoire de recherche pour mon DEA de physique.

J'ai eu le sentiment que les intérimaires, dont je faisais partie, étaient très mal perçus par la majorité du personnel. On nous accusait en effet de faire tourner les lignes de production malgré les grèves. J'ai failli me battre deux fois, parce qu'on me demandait de stopper le travail et que je n'obéissais pas. J'ai expliqué que j'avais besoin d'argent. J'ai aussi été rejeté en tant qu'enfant d'un membre du personnel d'encadrement. J'ai entendu dire que ma mère soutenait la direction en me faisant travailler à la place de ceux qui ne le voulaient pas. Accusée de traîtrise en somme. Alors que moi, je la voyais supporter le mal-être des autres en plus de sa propre déprime.

À la maison, l'ambiance était pesante, l'incertitude de l'avenir de maman compromettait nos projets. Je suis étudiant et mes études sont une charge financière pour mes parents. J'hésitais parfois à acheter tel ou tel livre, en me demandant s'il était vraiment indispensable. Je sais qu'on a proposé à maman d'aller travailler sur un autre site de LU. Je ne vois pas comment elle aurait pu travailler à nouveau pour une direction qui a traité tant de gens avec si peu d'égards. »

Fin janvier 2003

Nouvel électrochoc. Le groupe Danone annonce que la production des usines d'Evry et de Calais s'arrêtera au plus tard le 30 mars 2003.

Plus d'un an avant la date prévue.

Deux arguments sont avancés : 56 % des effectifs sur la France ont trouvé une voie de reclassement et le reste de l'effectif est concentré sur sa recherche d'emploi. Résultat, il devient très difficile d'organiser la production.

Nous sommes abasourdis, l'usine tombe dans le silence, comme le 10 janvier il y a deux ans.

Du coup, l'infirmerie refait le plein ; les questions affluent de nouveau, je n'ai toujours pas de cocktail miracle à proposer. Le médecin annule ses rendez-vous sur les autres sites, nous nous rendons ensemble dans les ateliers. C'est là qu'est notre place.

Colère contenue, visages fermés, les syndicats

préviennent que cela ne se passera pas comme ça. Je ne crois pas à un rebondissement de dernière minute.

Le responsable du personnel nous indique qu'il verra les gens individuellement. Comment imagine-t-il pouvoir recevoir deux cents personnes en un mois et trouver une solution pour chacune d'entre elles ?

Des cabinets de conseils en tous genres affluent. Au moins, cette fermeture en fait travailler quelques-uns.

Le mois dernier, à la demande du médecin du travail, nous avons reçu la visite de psychologues de l'Institut français de l'anxiété et du stress, l'IFAS. Mais personne ne s'est bousculé pour rejoindre les groupes de parole : ce n'est pas la culture des gens d'ici de déballer leurs misères devant tout le monde.

Cette fois, ce sont deux experts d'Émergences, un cabinet spécialisé dans l'observation des conditions de travail, qui proposent de nous rencontrer. Ils se partagent les entretiens avec les salariés demandeurs.

Cette démarche ne changera probablement rien sur le fond, mais l'approche est intéressante. Après quarante-cinq minutes environ d'entretien individuel et confidentiel, les échos des salariés sont positifs ; ils évoquent un « interlocuteur supplémentaire et bienveillant ». Tant mieux.

Je prends mon tour, je veux faire savoir ce que je vis tous les jours. Je raconte mon mal-être à l'un des deux experts qui m'écoute sans me juger. J'espère que son rapport sera rendu public un jour et que la direction me permettra, en tant que personnel de santé, de le consulter. Il serait instructif pour moi de comparer le diagnostic des experts avec le mien. Cela m'aiderait pour la suite (et fin !) de recueillir un éclairage neutre sur ce que nous vivons. Je manque tellement de recul !

Chapitre II

Mon dernier jour

« Usine à vendre : affaire à saisir »

La banderole est restée accrochée de longues semaines à la grille de l'usine d'Evry.

Ce vendredi, le décor n'est plus le même, de grandes tentes bleues se dressent sur la pelouse. La musique non plus n'est pas la même... Plus un bruit de machines... C'est fini.

C'est aujourd'hui l'arrêt effectif de la production.
Barbecue pour tout le monde.
Fête d'adieux.

28 mars 2003

Le nouveau directeur propose au personnel d'emporter quelques souvenirs, comme de vieilles affiches de LU. Certains ont demandé à garder les derniers paquets de biscuits sortis des lignes, les derniers Pépito®, et à emmener des boîtes à outils.

Ce pot du vendredi pour la fermeture se termine comme ça, à 16 h 30, sans un cri et sans un mot.

On s'est à peine dit au revoir, on est partis sans se retourner, on ne se reverra sans doute jamais.

Certains pleurent. D'autres éprouvent le besoin de rentrer ensemble.

Une partie du personnel de l'usine passe la dernière soirée dans une salle aménagée pour l'occasion, avec la bénédiction de la direction. Chacun son truc.

Dès ce soir, c'est en famille que je veux rester. Loin de tout ça.

Je ne me sens pas vraiment démoralisée mais je sais que je loupe ma sortie ; je n'avais pas prévu de quitter l'usine ainsi, j'avais envisagé pour ma retraite de faire un pot avec les copains...

Je suis licenciée moi aussi, mais je veux mettre de l'ordre dans les dossiers et les armoires. Alors, malgré la cessation anticipée de la production, je décide de rester et de continuer à écrire, dans la journée à l'infirmerie ou bien le soir à la maison.

Lundi 31 mars 2003

J'ai passé le week-end dans le brouillard en me demandant si cette histoire était réellement finie. Car une histoire finit toujours par une morale, et là il n'y en a pas, ou du moins je ne l'ai pas encore trouvée.

Ce matin, l'usine est vide, triste, on se croirait

dans des décombres après le passage… mais de quoi au juste ?

Toutes les machines sont là ; les hommes et les femmes ont disparu.

J'arrive à l'infirmerie vide elle aussi, pas d'odeurs, pas de bruit, pas de visite… rien.

Comment vais-je pouvoir rester là ?

Mardi 1er avril 2003

Les dossiers des salariés de l'usine sont transférés dans le nouveau service médical situé dans les bureaux de Ris-Orangis. Je vais visiter les nouveaux locaux de mon ex-service et je constate avec surprise qu'il n'y a qu'un bureau qui sera utilisé alternativement par l'assistante sociale et le médecin !

Pour moi rien n'est prévu.

Je ne réalise pas vraiment, il faut que je me répète : « Monique, mais c'est vrai… Tu es LI-CEN-CIÉE ! » Il faut que je m'y habitue.

Qu'espérais-je donc ? Je ne sais pas au juste.

Les syndicats ont demandé aux salariés de ne pas se rendre aux convocations des visites médicales dans ces nouveaux locaux et que la majorité de ceux qui restent a signé une pétition en ce sens. Le dernier carré d'irréductibles.

J'ai décidé de fermer ce service correctement, de la même façon que l'ont fait les ouvriers de l'usine, en laissant un outil de travail propre et bien rangé. Après quoi je partirai et ne reviendrai plus.

2 avril 2003

Alors que j'ai commencé mes rangements, le personnel des bureaux et de la direction continue de téléphoner pour les rendez-vous annuels de visite médicale. Comme si de rien n'était... Pour eux, la vie continue.

La moutarde me monte au nez lorsque je les entends se plaindre parce qu'ils déménagent à Rungis.

Nous, on est virés !

Il me revient une anecdote. C'était il y a quelques années... Les journaux télévisés s'en étaient largement fait l'écho : les élèves de l'ENA s'étaient insurgés à l'idée de déménager à Strasbourg. Quitter Paris, c'était impensable ! Pour nos futurs grands patrons et talentueux politiciens, pas question de déménager ! Les ouvriers, eux, peuvent changer de métier, de vie, de quartiers, d'amis si facilement ; eux s'adapteront bien !

Par l'intermédiaire du comité d'entreprise et donc des représentants du personnel, mais aussi sur son site Internet, la direction de LU fait savoir à ceux qui ne sont pas encore reclassés que les équipes du REM restent à leur disposition jusqu'en juin 2004 ; date à laquelle les licenciements seront effectifs.

Mais il devient plus difficile pour les derniers salariés de l'usine LU d'Evry de croire en quoi que ce soit.

Au local syndical, les délégués sont toujours actifs, concentrés sur la procédure menée par Me Brun contre Danone devant le tribunal de grande instance d'Evry, et qui veut démontrer le caractère abusif des quatre cents licenciements.

Les jours passant, on se donne des nouvelles, des uns, partis à l'autre bout de la France et qui témoignent de grandes difficultés d'intégration, des autres, dont les histoires ne sont pas bien gaies non plus ; on raconte que des ouvriers tentés par des aventures dans la région après avoir empoché une prime de licenciement déchantent... Comme ce père de famille qui s'est retrouvé à faire la sécurité des boîtes de nuit tout seul avec son chien et son téléphone portable. Ou cet autre qui a accepté un poste non loin d'ici dans le conditionnement de pommes de terre, un travail harassant. L'homme a tenu quinze jours avant de revenir au REM où, rapporte-t-on, on l'a traité de fainéant. Il a « pété les plombs » et a été hospitalisé.

« Maintenant, c'est chacun pour soi », s'inquiète une ouvrière venue dire au revoir et qui, avec ses deux enfants, doit rejoindre l'usine d'Evian. Une de ses anciennes collègues des lignes Pépito® lui raconte qu'avec son mari, ils vont « aller visiter le site de Nantes... pour voir ». Voir quoi ? « Voir si c'est facile de changer de vie », répond-elle.

Conclusion : non seulement les dirigeants de Danone ne reviendront pas sur leur plan de restructuration, mais ils en ont même avancé la date. Plus d'un an avant l'échéance prévue. Et les salariés qui ne sont pas encore reclassés n'ont qu'à s'estimer heureux, puisqu'ils restent inscrits aux effectifs jusqu'à la date butoir de juin 2004. Payés pendant quinze mois à ne rien faire, que demande le peuple ?

Fermez le banc.

J'ai un sentiment de gâchis immense. Sans compter que le déménagement du REM dans des locaux inconnus à quelques kilomètres de l'usine n'est pas franchement motivant pour les salariés et qu'il a contribué au renoncement définitif d'une partie d'entre eux.

Plusieurs ouvriers m'ont confié avant de partir qu'ils ne sauraient pas où trouver la force de se lever chaque matin.

C'est leur travail qui les motivait, qui leur tenait la tête haute.

Ma conviction est qu'il fallait continuer l'activité de l'usine, même restreinte, et fermer en juin 2004 comme cela avait été annoncé par Danone en mars 2001.

Quand un patron décide de fermer son entreprise, il assume et va jusqu'au bout.

Vendredi 4 avril 2003

Je suis seule dans mon infirmerie, mes yeux parcourent les murs, bientôt je décrocherai les photos personnelles, les posters.

Je relis les bulletins d'information que la direction nous transmet tous les mois. Le titre de cette publication soudain me saute aux yeux : *Tremplin* !

Je feuillette... C'est bien fait, bien pensé. On y trouve l'espace « formation », qui propose de quoi se reconvertir en ouvrier paysagiste, gardien d'immeuble, taxi ou disc-jockey. Sont aussi consignées et numérotées les offres d'emploi dans la région, les postes toujours disponibles à Volvic.

Tous les jeudis de 9 à 12 heures, c'est « café, croissants, dépouille de la presse et offres d'emploi, dans une ambiance studieuse et détendue ». Sur le papier, un vrai petit paradis.

Les témoignages de *success stories* pourraient presque me convaincre que tout ne va pas si mal. Comme celui de cet ouvrier reconverti dans l'automobile : « De janvier à juin 2002 mon projet professionnel était flou et ma conseillère m'a aidé dans mon bilan. J'ai passé des examens en juin 2003 et obtenu un CAP de mécanicien automobile. J'ai envoyé un gros paquet de CV et un employeur a été attiré par mon parcours original et surtout par ma motivation. Aujourd'hui, je suis super content. »

Je parcours les bulletins et ne doute pas qu'il existe, en vrai, des histoires de reconvertis heureux, mais pour combien restés sur le carreau ?

Et c'est à ceux-là que je pense, seule dans mon infirmerie.

Samedi 5 avril 2003

Pour mon anniversaire, mon fiston a eu l'idée de m'offrir le spectacle de Guy Bedos à la Cigale. Cela me changera peut-être les idées d'aller applaudir cet artiste que nous aimons beaucoup mon mari et moi.

Je suis en plein rangement à l'infirmerie... et toute évasion est la bienvenue.

Ce soir-là je ris beaucoup, je savoure ce spectacle comme une gamine enchantée. Mes soucis sont pour un instant loin, très loin.

Et voilà que soudain Guy Bedos rappelle la réaction de Jospin face aux petits Lus !

La salle s'esclaffe, mais moi, j'ai l'impression d'être poursuivie, que tout le monde me regarde, je m'enfonce dans mon fauteuil.

J'ai envie de me lever et de crier : « Mais moi je suis un P'tit Lu ! »

Je ne m'attendais pas à être rattrapée par mon histoire ici, au spectacle.

Puis, de nouveau, je réussis à me détendre, je me sens fière qu'un artiste de cette trempe-là parle de nous. Tout à coup nous sommes moins seuls.

Cette histoire de fermeture est entrée dans la mémoire collective, comme des notes de musique que l'on retient facilement et que l'on fredonne malgré soi.

Lundi 14 avril 2003

Le licenciement est effectif en juin 2004. Je ne vais tout de même pas rester seule dans une usine fantôme.

Je demande donc une formation d'anglais pour occuper les mois qui me séparent de la fermeture définitive de l'usine. Je serai mieux en formation plutôt que de rester à ne rien faire chez moi.

Cela me permettra d'évoluer, de penser à autre chose, d'exister et surtout de ne pas sombrer dans la déprime.

Jeudi 17 avril 2003

Le parking est vide ce soir. Il n'y a plus de lumière nulle part.

Le médecin va encore faire quelques visites pour les gens du siège et ensuite tout le monde déménagera.

Vendredi 18 avril 2003

C'est tellement triste cette usine abandonnée depuis un mois.

Il y a quelques jours, j'ai eu un entretien avec le directeur du site, qui m'a encouragée à partir quand je voulais. Ils prendront un intérimaire pour me remplacer.

Après y avoir réfléchi tout le week-end, j'ai décidé que c'était ma dernière semaine.

Mardi 22 avril 2003

J'ai tout mis en ordre et ce matin j'ai prévenu le médecin et le responsable des ressources humaines que je leur rendais les clefs. Le médecin m'a demandé si je souhaitais emporter quelque chose. Non. Je préfère partir sans rien, pas un souvenir, pas un paquet de biscuits. RIEN.

« Tu veux partir quand ?

— Vendredi. »

C'est une chance de pouvoir ainsi choisir le jour de mon départ, pas le 28 mars comme tout le monde.

Le rendez-vous chez le directeur est étrange. Il veut savoir : « On a bien travaillé ensemble, n'est-ce pas ? »

Je lui réponds : « J'ai un cadeau pour toi, cette semaine je vais te faire lire mon journal. » Sur ce, je rentre chez moi.

Cet homme-là était auparavant directeur à Château-Thierry. Comme ils ont valsé, tous ces directeurs !

À son arrivée, je lui avais annoncé : « Il y a des gens extraordinaires ici, c'est vrai qu'ils t'engueulent mais c'est vraiment des gens bien. »

Il m'avait répliqué : « Moi je ne vais pas vous emm..., je suis obligé de fermer cette usine, alors je la fermerai dans les meilleures conditions possibles. » Il avait dit cela devant l'encadrement et les ouvriers, et il est toujours resté stoïque, même lorsqu'il s'est fait traiter de noms d'oiseaux par les ouvriers en colère.

Mercredi 23 avril 2003

Le directeur vient me rendre mon journal : « Monique, je l'ai lu cette nuit, je ne savais pas qu'il s'était passé tout ça, tu ne peux pas savoir le cadeau que tu m'as fait. » Il est très ému.

Moi aussi.

Vendredi 25 avril 2003

Je range tout, c'est fini, je pars.

Je n'ai plus envie d'écrire.

Je ne sais plus quoi dire.

Octobre 2003

J'ai repris mon journal, maintenant je me sens capable de terminer cette histoire. L'automne est là, dix-huit mois ont passé, je n'ai rien oublié.

Ce vendredi d'avril, j'ai eu tant de mal à m'en aller. Toute seule.

J'ai appelé mon ami et ancien collègue Michel, parti deux semaines auparavant, pour qu'il vienne me chercher. Il est venu et on est sortis comme ça, tous les deux.

Sur le parking, je me revois...

C'était en fin d'après-midi. Je ne me suis pas retournée. J'ai passé un coup de fil à mon mari pour le rassurer. Je ne sais plus ce que je lui ai raconté.

Encore aujourd'hui, c'est difficile de décrire ce dernier jour.

Voilà, ça remonte, je réalise ce que je ne digérais pas. Partir ainsi, sans l'avoir voulu.

Pourtant, les gens doivent se dire : « De quoi ils se plaignent les P'tits Lus ? Ils savaient... On les avait prévenus trois ans avant. »

Trois ans avant... Tu penses avoir le temps de t'organiser.

Mais en fait, tu ne t'organises pas, tu n'imagines pas le vide ce jour-là ! Et encore, moi j'ai pu choisir mon jour.

C'était plus qu'important, pas négociable.

Je n'avais pas envie de concéder le seul petit bout de liberté qui me restait.

Je suis rentrée chez moi, il faisait beau. Au volant de ma voiture, j'écoutais un disque de Léonard Cohen...

Je ne pleurais pas.

Michel m'a rappelée le soir. Lui avait vécu la même chose deux semaines plus tôt, ça avait été dur, on s'était beaucoup soutenus.

En arrivant à la maison, étonnamment, j'allais plutôt bien.

J'ai préparé le dîner et annoncé à mon mari et mes enfants que je ne remettrai jamais les pieds à l'usine.

Jusqu'à ce jour, je n'y suis effectivement jamais retournée et je crois que j'ai bien fait.

Je ne m'en sens pas capable. Revoir le site vide... Non, c'est trop d'émotions ! Cela signifie-t-il que je n'ai pas encore fait le deuil ?

Il se fera le jour où l'on me dira exactement pourquoi on a fermé.

Si j'avais l'occasion de rencontrer un patron, c'est la première question que je lui poserais.

Il fallait que j'aille au bout, pour ceux que j'avais côtoyés et que j'avais essayé, deux années durant, de soutenir ; et pour moi aussi, sinon je l'aurais regretté.

J'aurais eu le sentiment de ne pas avoir été à la hauteur de mes rêves. Un peu comme lorsque j'imaginais encore que nos dirigeants reviendraient sur leur décision, quand je suis allée au tribunal.

Tu entames une procédure judiciaire contre ton patron, eh bien tu vas jusqu'au bout. Même si tu perds, tu y vas.

On a perdu.

Cette déception m'habitera tout le temps, c'est une pique plantée dans mon cœur.

Le matin, quand j'entends à la radio qu'untel va licencier, j'ai conscience que les salariés de l'entreprise en question sont peut-être eux aussi en train de l'apprendre à la radio, comme nous !

Ces méthodes sont honteuses.

De même que leurs arguments, qu'on entend aussi tous les jours à la radio...

« Rien de grave tant que les salariés partent avec de l'argent. Il faut savoir accepter d'être recasé et mobile ! »

« En Angleterre, les ouvriers seraient virés sans

rien du jour au lendemain ! », tel est l'argument suprême, celui du baron Seillière et du patronat qu'il dirige.

Il prône la flexibilité sans tenir compte du fait que la culture ouvrière n'a pas été préparée à cela, qu'elle a hérité de vieilles pratiques paternalistes.

Aujourd'hui, les gens ne sont pas encore prêts, il faut leur apprendre la mobilité, les former.

Pendant vingt ans chez Danone, on n'a pas fait évoluer le personnel, on ne l'a pas prévenu qu'il ne resterait peut-être pas toute sa vie au même poste.

Aucune prévision, et un jour, la douche froide.

Pour ma génération qui, contrairement à celle de nos enfants, n'a pas été habituée à cette mobilité, c'est difficile d'imaginer changer de vie.

Moi j'étais partie pour travailler jusqu'en 2004 et j'ai encore du mal à accepter que je ne retravaillerai sans doute jamais. Mais j'ai l'impression de m'en être mieux sortie grâce à mon journal, devenu depuis presque quatre ans un véritable compagnon de route.

J'écrivais parce qu'il me paraissait impossible qu'on ne sache pas un jour tout ce qui nous est arrivé, toutes les erreurs commises : badger, mettre la pression, contrôler les arrêts maladie, et en réunions d'encadrement nous parler de toujours plus de productivité alors même qu'on nous débarquait...

Comment ne pas comprendre la démotivation des gens ?

Aucun chèque ne peut racheter ce qui s'est passé.

Une explication nous aurait peut-être satisfaits. Qu'on nous dise pourquoi on a fermé l'usine.

Dans ma lettre de licenciement, on m'explique que je suis licenciée pour protéger la productivité.

Personne ne l'a jamais dit clairement mais je sais que nous avons tous été licenciés pour que des actionnaires puissent continuer à toucher plus de dividendes.

Chapitre III

Le gâchis

Les usines de Calais et d'Evry ont été fermées il y a maintenant six mois, avec un an d'avance sur le calendrier.

Dans le Nord, à Calais, la réindustrialisation du site est achevée, avec l'installation du centre téléphonique d'Armatis.

Entre deux cent cinquante et trois cents emplois ont été créés, mais ils ne correspondent pas aux qualifications des ouvriers.

Les licenciés de LU n'en sont pas étonnés, qui ont tout tenté pour sauver l'emploi.

Cinq mois avant la fermeture du site LU de Calais, la CGT a en effet lancé une étude de faisabilité sur la possibilité de racheter l'usine par les P'tits Lus sous la forme d'une coopérative ouvrière. Il a donc été proposé à Danone de « vendre à un euro symbolique les locaux, les machines et sous-traiter à la SCOP la production de biscuits ». Ainsi les promesses de reclassement pouvaient-elles être tenues.

L'initiative était originale, mais ce fut peine perdue. Car le projet du centre téléphonique était déjà engagé et la stratégie qui avait présidé aux restructurations fut vite confirmée par le secrétaire général du groupe, Jean-René Buisson : « Les industries biscuitières sont en surcapacité et Danone n'a pas l'intention de sous-traiter une production de biscuits. »

Sur les deux engagements qu'avait pris Franck Riboud au printemps 2001, reclassement pour tous et réindustrialisation, seul le second est donc tenu à Calais.

À Evry, le projet du centre commercial qui doit remplacer l'usine est à la peine et cent quatre-vingts salariés n'ont toujours pas de solution.

En cet automne 2003, les irréductibles de LU mènent donc un nouveau combat. Devant le tribunal de grande instance de Boulogne-sur-Mer, leur avocat, Me Brun, demande l'annulation pure et simple du plan social pour absence de motif économique valable. Pour les Lus d'Evry et pour ceux de Calais, au total sept cent quatre-vingt-quinze salariés.

Dans le même temps, Danone affiche des résultats médiocres. Rentabilité en recul et ventes qui stagnent sur la branche biscuits, alors que celles des produits laitiers et des eaux continuent de progresser. La presse économique n'hésite pas à parler de « l'échec de la restructuration ».

La stratégie du géant de l'agroalimentaire pour

améliorer la compétitivité du groupe et la rentabilité de la branche biscuits aurait-elle échoué ?

Les P'tits Lus auraient-ils été sacrifiés inutilement ?

Mardi 20 janvier 2004

Danone avait promis un plan « Rolls Royce ». Les salariés, de leur côté, demandaient à leur direction qu'elle leur trouve un poste au même salaire, avec les mêmes conditions de travail et les mêmes avantages sociaux.

Pendant deux longues années, du coup de tonnerre de janvier 2001 à la fermeture anticipée en mars 2003, le fossé n'a jamais cessé de se creuser entre les parties.

J'ai souvent réfléchi à l'enchaînement des événements et tenté d'entendre les uns et les autres pour ne pas tomber dans l'opposition de principe, radicale, excessive et stérile.

Là où j'étais, et cela m'a été parfois reproché par les syndicalistes les plus jusqu'au-boutistes, j'ai fait de mon mieux pour favoriser le dialogue.

Avec un seul objectif : qu'il y ait le moins de casse possible. Lorsque j'ai compris que tout était perdu, j'ai encouragé (mais jamais influencé) les salariés à aller au REM, à penser à leur avenir. Par ailleurs, dans l'ombre, j'ai fait le maximum pour garder le lien avec notre direction. Même aux heures les plus dures de notre histoire, je n'ai jamais fermé ma porte ni au directeur du site ni au responsable du personnel. Je dois dire que le courant ne passait pas avec ce dernier. Plusieurs fois nous nous sommes accrochés, notamment sur le contrôle des arrêts maladie qu'il avait mis en place.

Il semblait considérer le REM comme la solution idéale pour les ouvriers et ses opinions sur la classe ouvrière paraissaient sortir tout droit d'un discours du MEDEF.

J'avais une conscience aiguë de ce que devait être le rôle du personnel d'encadrement et des responsabilités que cela entraînait. Pour autant, je n'ai jamais trouvé contradictoire de manifester, d'aller au tribunal et de faire grève.

Trois ans après la terrible révélation du *Monde*, je tente aujourd'hui de prendre un peu de recul. Je me refuse à croire que des esprits puissants et pervers ont pu décider de nous détruire sciemment. Mais je ne peux que constater le caractère destructeur de leur système.

Et ce système, c'est bien eux qui le fabriquent.

Lorsqu'on met bout à bout certaines des déclarations, des courriers et des comportements de nos dirigeants, on dispose d'un véritable guide qui pourrait s'intituler *Cynisme, mode d'emploi*, dont voici quelques morceaux choisis.

Nier d'abord, persister à nier après la fuite du journal *Le Monde*, finir par reconnaître que « oui, peut-être, on réfléchit à des restructurations ». Et annoncer huit cents suppressions d'emplois.

Demander ensuite aux ouvriers de mettre les bouchées doubles avant de rendre leur tablier. Maintenir une pression folle sur les salariés en distribuant au passage des documents alarmistes. Comme ce flash, au cours de l'été 2001, qui indique « un niveau global de stocks en retard de près de deux mille sept cents tonnes », lequel retard ne permet plus d'assurer les commandes des clients. La solution : travailler le samedi, pour les volontaires, et chercher des sous-traitants.

Non seulement on licencie les gens, mais on leur demande avant de s'en aller de travailler le week-end !

Et le clou restait à venir : un courrier adressé à chacun d'entre nous par le directeur général de LU-France le 19 janvier 2004.

Soit presque un an après la fermeture anticipée de l'usine, alors que beaucoup de salariés sont chez eux, payés à ne rien faire, inquiets pour leur avenir.

Dans cette lettre, que je conserve précieusement, Georges Casala rappelle combien ces dernières années « les performances de LU-France ont été impactées par des problèmes structurels et conjoncturels » et combien « le contexte concurrentiel est difficile ».

Notre directeur général nous demande donc de « réagir très vite pour se remettre en ordre de bataille », précisant qu'il ne peut réaliser ce nouveau challenge sans nous.

Je me dois de retranscrire la dernière partie de cette lettre intégralement, pour que ceux qui voudront bien me lire réalisent le choc qui fut le mien à sa réception.

« Confiant dans le fait que nous pouvons redresser la situation, nous devons cependant le faire très rapidement. C'est pourquoi j'ai fixé un objectif de deux cents jours pour stopper la chute des ventes et rebondir. Le chemin de la reconquête sera long et difficile, amis, je sais que je peux compter sur chacun d'entre vous.

Je vous présente, à vous et à vos familles, mes meilleurs vœux pour cette nouvelle année 2004. »

Atterrant. Tout simplement.

Comment peut-on parler de « redressement de situation » et de « chemin de reconquête » à des salariés jetés quelques mois plus tôt hors de leur entreprise (et d'ailleurs interdits d'y pénétrer, même pour une petite balade nostalgique) ?

Comment nous demander encore des efforts quand on nous a coupé les ailes ? Et de quelle « bonne année » s'agit-il là ?

Je ne vois que deux solutions pour expliquer ce courrier : soit ce monsieur ignore que son usine est fermée, soit ses conseillers en communication sont vraiment très mauvais.

Dans tous les cas, en matière de cynisme, cette lettre est une perle.

Chapitre IV

Rendez-vous à l'ANPE

Cette fois le licenciement se rapproche pour les salariés de l'usine LU d'Evry.

Tandis qu'une cinquantaine de personnes boycottent toujours la cellule de reclassement du REM mise en place par la direction, celle-ci fixe maintenant les échéances, qui apparaissent noir sur blanc dans son bulletin interne du mois de mai 2004.

23 juin 2004 : Envoi de la lettre de notification de licenciement, en recommandé avec accusé de réception.

30 juin 2004 : Début du préavis. Fin de l'action du REM.

Juillet-août 2004 : Deux mois de préavis.

29 août au soir : Fin du préavis et du contrat de travail.

Pour l'heure, des procédures restent bien sûr en cours devant les tribunaux pour contester le motif économique de la restructuration et pourquoi pas l'emporter sur le fil, mais le licenciement est pour demain.

Heureusement pour le moral des derniers salariés pas encore reclassés, l'équipe du REM indique dans son édito « qu'un mois peut être suffisant pour trouver un emploi si vous avez déjà un projet défini... » mais qu'il faut « redoubler d'efforts, se déplacer dans les entreprises pour remettre ses candidatures, lire attentivement tous les journaux, mobiliser son réseau, et surtout, surtout ne pas perdre courage et motivation ».

Sur le papier (glacé) du bulletin positivement intitulé Tremplin, *tout va bien. Mais dans la vraie vie, combien d'hommes et de femmes peuvent encore entendre ces recommandations ? Combien ont des « réseaux » à l'extérieur après vingt ou trente années passées dans la même entreprise et aucun diplôme à faire valoir ? Combien restent motivés après des mois d'essais et des intérims à répétition ?*

Combien même lisent encore le mensuel Tremplin ?

Vendredi 17 juin 2004

Enfin la voilà !

La lettre recommandée avec accusé de réception est arrivée. Ma lettre de licenciement.

Je l'attendais, sans impatience ni anxiété ; c'est la fin d'une histoire. Trois longues pages où l'on m'explique que le groupe Danone est soumis à la « pression des marques distributrices et à la stratégie de conquête des géants mondiaux ».

L'objectif de la direction, je n'en doute plus, est

de sauvegarder la productivité. Mais je suis sûre qu'il n'y a pas que cela.

Mon avis, c'est que les salariés de notre usine, comme ceux de Calais, avaient des salaires jugés trop élevés par la direction et des acquis sociaux trop bien défendus. Sur les deux sites, la CGT était majoritaire.

Nous étions perçus comme des trublions, une grenade prête à être dégoupillée à tout moment, et ce depuis le rachat de Belin par LU en 1990.

Comment expliquer autrement la fermeture d'un site aux si bons résultats ?

Bien sûr les dirigeants se défendront toujours de nous avoir « punis » parce qu'on savait leur résister. Bien sûr ils continueront de vanter leur plan social modèle et de rappeler les fortes indemnités allouées à leurs ex-salariés. Mais je considère, moi, que l'indemnité perçue pour vingt ans de travail dans ce groupe n'est pas proportionnelle aux préjudices moral et financier subis.

Nos patrons croient-ils vraiment qu'il est facile d'être payé à rester chez soi ? Chez soi, seul, on ressasse, on déprime. On ne se repose pas, on ne dort pas.

Nos dirigeants ne nous méritaient pas. Nous qui avons laissé une usine en bon état et qui nous sommes toujours battus pour la qualité et la réputation des biscuits fabriqués à Evry.

D'ailleurs, la dernière phrase de cette lettre de

licenciement en dit long sur la cruauté du système et des hommes qui l'entretiennent : « en vous remerciant du travail accompli au sein de la société ».

Bien sûr, LU avait tout prévu, comme de nous inscrire aux Assedic dans les locaux du REM. Fidèle à sa tradition sociale et paternaliste, la direction du personnel proposait ce jour-là café et viennoiseries.

Le service du personnel nous avait fourni la liste des documents à présenter aux conseillers Assedic ; il s'occupait de nous jusqu'au bout ; il se donnait ainsi bonne conscience.

Aujourd'hui, toute jeune licenciée, je me sens libérée du groupe, déliée de tout devoir de réserve, définitivement affranchie de mes employeurs. Je peux enfin raconter ce que nous avons vécu, sans avoir à demander l'autorisation de qui que ce soit.

Cette lettre de licenciement, je la ressens comme une clef qui ouvre la voie vers un autre univers. Ce 25 juin 2004 n'est pas la date la plus difficile ou la plus importante de cette histoire. Le plus dur était le dernier jour passé à l'usine.

Je me sens libérée mais encore bien fragile.

Eux, les ouvriers, ils m'ont fait confiance. J'existais à travers eux. Sans le travail, sans eux, il y a un trou.

Dimanche 3 octobre 2004

Je suis convoquée demain à l'ANPE.

Hier soir j'ai mal dormi et aujourd'hui je tourne en rond. Je m'attends à passer une nuit blanche.

Moi qui me croyais sortie de cette histoire... Voilà que le moral me joue des tours !

Je m'étais persuadée que cela ne serait qu'une formalité et je m'aperçois tout à coup à quel point il est difficile de passer de la condition de salarié à celle de chômeur. En fait, on ne s'y prépare jamais, même après un compte à rebours de trois années.

Lundi 4 octobre 2004 au matin

« Agence nationale pour l'emploi », l'espace d'un instant, je lis à haute voix, ça me fait sourire...

Ô surprise, la femme qui me reçoit est chaleureuse, humaine et ne me traite pas comme un numéro. Je suis une personne. Aucun commentaire désobligeant, mais encore des papiers à remplir ; nous décidons ensemble que je ferai mes recherches d'emploi sur le site Internet de l'ANPE.

Quelques jours plus tard, un courrier des Assedic m'informe de ma nouvelle situation.

Voilà, je ne fais pas partie des chômeurs heureux. Y en a-t-il d'ailleurs ? Je ne pense pas. Je suis en convalescence, après un grave accident pas encore bien pris en considération par les instances médicales. Un jour, je l'espère, on envisagera d'étudier ce traumatisme postlicenciement et à en discuter dans les grandes écoles de nos futurs dirigeants.

Cinquième partie

J'ai fait un rêve

Chapitre I

Jeudi à l'usine

8 septembre 2004

Cette fois c'est fini.

La cour d'appel de Paris vient de valider le plan social annoncé il y a trois ans par Danone et qui a pris fin le 30 juin dernier.

Me Philippe Brun, l'avocat des salariés de LU, ne cache pas sa déception : « C'est une Bérézina et une grande défaite pour le monde du travail ! »

La cour, quant à elle, a fait valoir qu'« il n'appartient pas au juge d'apprécier la cause réelle et sérieuse des licenciements envisagés ».

Pendant trois années d'un combat très médiatisé, les P'tits Lus d'Evry ont cru pouvoir l'emporter face au géant de l'agroalimentaire. Ils ne peuvent maintenant plus espérer que des indemnités, plus tard, devant le tribunal des prud'hommes.

Ils n'ont plus aucun espoir de voir l'usine rouvrir.

La justice a donc donné raison au patron et admis qu'une entreprise peut, tout en réalisant de gros profits, décider unilatéralement de licencier pour motif économique.

Mais au-delà du drame vécu par les salariés de Danone, cette décision de la cour d'appel revêt un caractère symbolique. L'affaire LU, tout comme l'affaire Michelin un peu avant elle, incarne la toute-puissance des patrons.

« Patrons voyous », entend-on à nouveau, trois ans après le débat houleux qui a secoué la classe politique française sur la question des « licenciements boursiers ».

Une classe politique bien impuissante à contenir les pressions du MEDEF. À gauche comme à droite, on a été incapable de légiférer sur la possibilité pour le juge civil de vérifier les causes économiques d'une restructuration.

À gauche comme à droite, on a surtout pensé à ne pas bousculer son électorat.

Il reste que dans le cas précis de la fermeture de l'usine d'Evry, des élus locaux sont montés au créneau à plusieurs reprises.

Dernière intervention en date, au tribunal précisément.

Avant que l'affaire ne soit renvoyée en appel à Paris, c'est le tribunal de grande instance d'Evry qui a examiné la demande d'annulation du plan social des huit cents salariés de LU.

C'était en mars dernier et ce jour-là, pour la défense des P'tits Lus, Me Brun a produit deux témoignages de poids. Ceux de Manuel Valls, député maire socialiste d'Evry, et de Thierry Mandon, maire de Ris-Orangis.

L'un et l'autre attestent par écrit d'une rencontre au siège de Danone avec le P-DG Franck Riboud et son directeur de la division biscuits. Nous sommes alors en avril 2001 et les deux élus sont venus demander des explications sur cette annonce surprise de fermeture d'usine. Ce qu'ils rapportent est on ne peut plus clair. Franck Riboud leur confirme que « la rentabilité sur les sites de production de LU, notamment à l'usine d'Evry, est bonne », mais « qu'elle doit être encore meilleure » ! Et ce, pour « s'adapter à la concurrence internationale et aux risques d'OPA sur les actions du groupe ».

Actions, actionnaires, Bourse, rentabilité... Il faut augmenter cette dernière, « porter son taux à 12 % ». Tout est dit.

Une présentation que Manuel Valls, à l'époque conseiller de Lionel Jospin, a qualifiée d'« un peu musclée ».

Devant la justice pourtant, ni ces témoignages de première main, ni l'expertise économique SOGEX dont nous avons parlé plus tôt, n'ont pu inverser le cours des choses.

Jeudi 2 décembre 2004

Je n'étais jamais retournée à l'usine. De loin parfois, je l'apercevais, sur les bords de l'autoroute du Sud qui emmène chaque année tant de familles en vacances. Autrefois, nous les voyions passer, et les enfants dans les voitures devaient trouver que cela sentait bon les gâteaux par ici.

De quoi avais-je peur ? Je ne sais pas vraiment. Peut-être du silence, du vide. Dix-huit mois déjà que j'étais passée à autre chose, ou du moins que je m'y employais.

Je ne fréquente pas les cimetières en temps ordinaire. Je préfère garder pour moi émotions et souvenirs.

Régulièrement, j'avais des nouvelles par ma copine Lucie, qui comme quelques autres n'a jamais cessé d'aller à l'usine, tous les jeudis.

« Demain je vais au boulot » m'a-t-elle lancé un mercredi soir au téléphone alors que je lui proposais de passer un moment ensemble. « Au boulot ! », je suis restée interdite.

Elle ne voulait pas tourner la page, comme cette trentaine d'autres ouvriers qui, tous les jeudis, venaient au local syndical de l'usine déjeuner, s'enquérir auprès des délégués des procédures en cours, refaire le monde aussi sans doute, et se bercer d'illusions.

Cette nouvelle m'a choquée et mise en colère. Comment des syndicalistes peuvent-ils ainsi entretenir, semaine après semaine, mois après mois, l'espoir des gens ? Ceux-là mêmes qui ont suivi à la lettre les consignes syndicales draconiennes et jamais cédé aux « sirènes » de la direction. Ceux-là mêmes qui, trois années durant, ont tout refusé, mutations et reconversions... suspendus aux décisions de justice, qui, assuraient les syndicats, c'est sûr, leur rendraient leur emploi !

Encourager ainsi les gens à s'arc-bouter, ne pas les aider à tourner la page, à rechercher du travail, cela me révolte !

Cette situation ahurissante, qui faisait encore dire à certains d'entre eux : « Jeudi je vais au boulot », ne m'encourageait pas non plus à revenir à l'usine.

Mais Anne Gintzburger a insisté, elle voulait connaître le site, et j'avais envie de retrouver quelques visages. Sans doute aussi voulais-je me tester. Mon deuil à moi était-il fait ?

Jeudi d'hiver, début décembre 2004, brume épaisse, laiteuse.

Un jour comme ça, humide, les pâtes de nos biscuits n'auraient peut-être pas bien levé ?

Ce matin, j'ai un peu tourné en rond à la maison ; levée tôt, j'avais même prévu deux paquets de mouchoirs en papier. Ma fille m'a rassurée : « Tu peux y aller... Tu vas voir, maman, t'es guérie ! » Je suis montée en voiture, un peu nouée. Tandis que je roulais, défilaient dans ma tête l'image de mon infirmerie et les visages de ceux que j'y accueillais, qui se sentaient alors si mal. Comment se portaient-ils aujourd'hui ?

Au moment de me garer, Anne m'a fait un signe, j'ai levé les yeux ; sur la plaque indiquant le nom de la rue, il était écrit « rue du Front-Populaire » ! Nous avons ri toutes les deux.

Nous passons la grille à pied, je me sens soudain étrangère ici, devant ce grand parking désert. De loin, aux portes de l'usine, nous apercevons les fameux camions envoyés par Danone pour vider les bâtiments de tous les pétrins, les fours, les machines, et bloqués par quelques hommes en bleu de travail, d'anciens salariés. Ils sont présents tous les jours et refusent le démantèlement de l'usine.

Il y a là aussi des vigiles de sociétés privées, chargés d'assurer la sécurité du site. Ils comptent les points oui ! Et cela fait des mois que cela dure... La procédure en justice suit son cours, comme on dit.

Au local syndical, gris et enfumé, je reconnais les ex-collègues de l'usine. Ils me saluent gentiment, tout en continuant leurs conversations ici et là ; un groupe de femmes s'échangent des nouvelles de leurs enfants ; un homme, Titi, est aux fourneaux, comme d'habitude, couscous au menu aujourd'hui. Deux hommes entrent, des gros pains sous le bras ; drôle d'ambiance... Je ne me sens pas à l'aise dans ces locaux où je n'ai d'ailleurs jamais fait que passer, avant.

Un délégué syndical nous reçoit courtoisement

tout en me lançant des piques du genre : « Tiens, une revenante ! » ; allusions au « pacte » que les gens comme moi ont passé avec la direction en ayant accepté de suivre une formation. Mais au nom de quoi aurait-on à se justifier de mettre toutes les chances de son côté pour repartir dans la vie et retrouver du travail ? Et de quel droit les syndicalistes jugent-ils les ouvriers qu'ils sont censés représenter et défendre lorsque ceux-ci acceptent une mutation plutôt que de pointer à l'ANPE ?

Examiner les offres d'emploi qu'un patron vous propose, est-ce cela pactiser avec le diable ? Je n'ai jamais renié mes valeurs personnelles, ni trahi qui que ce soit.

Bien au contraire, en étant à l'écoute de leurs désespoirs, en les conseillant dans le secret de mon infirmerie, j'ai aidé des femmes et des hommes à rebondir.

On dit couramment qu'il faut savoir sortir d'une grève, eh bien je pense aussi qu'il faut savoir sortir d'un licenciement, avec honnêteté et pragmatisme ; c'est une question de survie.

Évidemment le combat syndical est indispensable, j'y ai moi-même longtemps contribué de toutes mes forces, mais en l'espèce, tous les jeudis à l'usine, il est faussé. Car se retrouvent là d'anciens ouvriers partis sans formation, sans projets, qui pour certains ne savent même pas comment s'inscrire aux Assedic ; ils ont face à eux des syndicalistes, certes dévoués et de bonne foi, mais dont les situations personnelles n'ont rien à voir avec les leurs ! Car les représentants syndicaux, protégés par leur statut jusqu'à la fin des procédures en justice, continuent de toucher leur salaire.

Anne et moi échangeons quelques mots avec les salariés présents. Mais je sens bien que ma visite, en compagnie d'une journaliste, les rend méfiants. Anne passe un moment avec un représentant syndical, qui lui donne des informations sur les dernières procédures en cours devant la justice et le nombre de reclassements. Je n'assiste pas à tout leur entretien.

Après une petite heure passée ici, je n'ai qu'une envie, quitter le local syndical.

Avec mes anciens collègues, nous nous sommes battu, la cause était juste et nous avons traversé des jours difficiles ; mais aujourd'hui je ne me reconnais plus en eux et je ne trouve pas les mots pour leur dire tout simplement que je fais une pause. Lucie me lance un clin d'œil : « On s'appelle ! »

Avec toute l'estime que j'ai pour elles, je souhaiterais que les soixante personnes, ex-salariés, qui continuent de se battre comprennent que leur combat est maintenant suicidaire.

Pour l'instant, elles sont encore dans une spirale d'espoir, elles attendent de récupérer des indemnités, mais si elles perdent aux prud'hommes dans quelques mois, je n'ose même pas imaginer à quel point le désespoir les envahira.

Elles se trouveront dans la position du boxeur qui, à peine relevé, se ramasse un autre coup.

Nous avons repassé les grilles de l'usine, il bruinait en ce début d'après-midi de décembre. Je n'ai pas sorti mes mouchoirs. Je suis guérie, ma fille avait raison !

Je ne fais plus partie de cette usine. Elle est fermée. Je peux maintenant passer devant sans sentir des crampes à l'estomac. Merci Anne, aujourd'hui, l'infirmière, c'était toi !

Car moi qui ne voulais pas revenir ici de peur d'être assaillie de souvenirs et de faire une rechute, je me suis prouvée que l'on peut retourner sur les lieux d'un drame. Et lui survivre.

Chapitre II

Je veux la vérité

Février 2005

Le livre que nous écrivons à deux, Monique Laborde et moi, est à présent bien avancé.

Nous avons épluché des centaines de documents, revu les reportages télévisés de l'époque et rencontré de nombreux témoins et acteurs de cette affaire LU.

L'heure est maintenant venue de donner la parole à ceux par qui tout est arrivé. Les patrons.

C'est un moment que l'infirmière Monique Laborde attend depuis quatre ans, non pas pour exprimer sa rage, mais pour tenter de comprendre. Poser des questions précises et écouter les arguments de son ancien employeur. Savoir surtout pourquoi cela s'est passé ainsi, dans la précipitation et l'absence de dialogue.

Par téléphone puis par courrier électronique, nous faisons part de notre souhait d'interviewer un responsable de LU-France à Rungis. Les choses s'or-

ganisent simplement, et rapidement. Nous expliquons notre projet de livre, on nous répond que le directeur des ressources humaines de l'entreprise accepte de nous recevoir.

Rendez-vous est pris pour dans quinze jours.

Mais le matin même, changement de programme, la direction de LU veut bien rencontrer une journaliste mais pas une ex-salariée.

Soit.

Je me rends donc au rendez-vous seule. Bâtiments neufs, dans une de ces zones d'affaires de la région parisienne. À l'accueil, un panneau immense « Bienvenue chez LU », puis, sur un écran géant et ultramoderne, des publicités qui défilent en boucle... Petit Beurre® et Mikado®...

« Restons légers » dit le slogan.

L'entretien avec Bertrand Queffélec, directeur des ressources humaines, dure près de deux heures. Mon interlocuteur se montre précis et accepte la contradiction.

Mais il peine à reconnaître le vrai problème, à savoir que les salariés n'ont pas compris la fermeture de leur performante usine. Il me répète que le plan social élaboré est exceptionnel, à la hauteur de la tradition sociale du groupe.

Son discours ne laisse aucune place à l'insuffisance de la prise en charge psychologique et aux erreurs de la cellule de reclassement.

Sur le fond, LU maintient sa position ; oui la « restructuration était indispensable », et si les résul-

tats chiffrés ne sont pas encore à la hauteur des attentes, « les choses auraient été bien pires si nous n'avions pas fermé ». Impossible bien sûr de le prouver, impossible aussi de démontrer le contraire !

C'est une bataille de points de vue, de chiffres aussi. La direction de LU-France avance celui de 93 % de reclassements (dont cent dix-sept salariés en mobilité interne, cent deux en extérieur, vingt créations d'entreprise, cinquante-deux « mesures d'âge », une vingtaine de projets personnels, et autant d'invalidités).

Des statistiques brillantes que les syndicats contestent bien sûr. De fait, aucun suivi dans le temps n'est réalisé.

Lorsqu'on creuse un peu les choses, ce que j'ai fait, la situation n'est pas si idyllique que LU veut bien le laisser croire. Nombreux sont les échecs de mutation, de reclassement, nombreuses les dépressions, les maladies.

Les créations d'emplois enfin, argument majeur de LU. Deux cent trente-six emplois ont été créés à l'usine de Cestas (Bordeaux) et celle de La Haye-Fouassière (Nantes).

Seuls quarante-cinq salariés d'Evry ont trouvé un poste sur ces sites.

Et à Calais, le centre de télémarketing, qui a remplacé l'usine, offre principalement des emplois tertiaires.

À la question des autres usines en péril, il m'est répondu que des réductions de poste, et non pas des fermetures, sont envisagées, notamment à Château-Thierry où le groupe va « essayer de mieux faire, en tirant les leçons de ces quatre dernières années ». Pas d'inquiétude en revanche, malgré les rumeurs, pour Charleville-Mézières ou Toulouse.

Seul l'avenir le dira.

Avant de le quitter, je demande à Bertrand Queffélec ce qu'il pense de la manière dont les choses ont été conduites, notamment en 2001, et si avec le recul la direction de LU reconnaît avoir fait des erreurs de communication.

Réponse m'est faite par mon interlocuteur qu'il ne serait pas correct de s'exprimer à la place des responsables de l'époque, partis de l'entreprise depuis, et que lui-même n'était pas là...

Pas vu, pas pris.

Mardi 1er février 2005

Lorsque nous nous sommes rencontrées, Anne et moi, et que nous avons commencé ce livre, nous sommes tombées d'accord sur le fait qu'il fallait entendre toutes les parties. Quant à moi, j'ai toujours voulu rencontrer mes patrons après ce conflit. Il m'est important, deux ans après la fermeture, d'avoir leurs impressions. Et surtout de savoir si cette décision a servi à quelque chose.

Nous avons donc rendez-vous toutes les deux

aujourd'hui à 15 heures au siège de LU-France à Rungis avec le responsable des ressources humaines, à qui nous avons exposé notre projet de livre et qui a accepté de nous recevoir. Il a souhaité connaître à l'avance la teneur de nos questions, afin de mieux préparer l'entretien.

Nous lui avons donc adressé notre petite liste : où en sont les reclassements ? Quel suivi psychologique a été mis en place pour les salariés jusqu'à ce jour ? Est-il prévu de fermer d'autres usines en France ? Quel regard portez-vous, avec le recul, sur cette affaire, sur sa médiatisation, sur la manière dont a été gérée la communication dans le groupe ? Où en sont les procédures en justice ? Et enfin *la* question : pourquoi l'usine a-t-elle été fermée ?

Je suis contente d'aller à ce rendez-vous ; je vais enfin pouvoir poser ces questions qui tournent dans ma tête depuis longtemps.

Je demanderai aussi pourquoi ni le médecin ni moi-même au service médical n'avons eu de contact avec le service des ressources humaines de la direction générale de LU pendant cette période de plan social.

Jamais ce service ne s'est rapproché des gens comme moi qui trimaient sur le terrain, souvent aussi démunis que les organismes humanitaires face aux catastrophes naturelles.

Travailler chacun de son côté dans ce genre de situation, ça n'a pas de sens.

Coup de théâtre à 9 h 30 ce matin : Anne reçoit un coup de fil de la direction de la communication de LU qui lui indique qu'elle est toujours la bienvenue, mais sans moi. En tant qu'ex-salariée, je ne peux rencontrer aucun responsable.

Je reconnais bien là la délicatesse du groupe. Si j'avais encore des illusions, elles ont disparu. Annuler notre rencontre le matin même ! Quelle preuve d'incorrection.

Lorsqu'on décide de licencier les gens, il faut assumer. J'ai la douloureuse sensation d'être une pestiférée. Je vis cette décision comme une sanction : je suis punie de vouloir témoigner de ce qui est arrivé.

Sans doute ne faudrait-il pas raconter la détresse des salariés devant une fermeture d'usine, sans doute faudrait-il se cacher, ne pas faire de vagues et d'ombre à un groupe qui se présente dans les médias comme un champion du social.

La réaction des syndicats ne se fait pas attendre non plus lorsqu'ils apprennent mon projet de livre. Ils me font savoir que moi, Monique Laborde, je ne peux pas parler au nom des salariés, que je suis partie avec le plan social pendant que d'autres continuent de se battre pour contester la restructuration.

Il y a dans ce pays des organisations syndicales et patronales qui peuvent s'adresser aux médias au nom des salariés, et le salarié lambda, lui, devrait se taire ? Eh bien non, j'ai la chance de pouvoir dire et écrire ce que j'ai vécu dans cette infirmerie et je le ferai. En mon nom propre.

Au service médical, je me trouvais aux premières loges pour observer ces moments de vies brisées et de rêves qui tournent au cauchemar.

Pourquoi passer sous silence le fait que cette entreprise m'a brisée moi aussi, que je me suis sentie prise dans une nasse sans pouvoir me retourner, secouée, chamboulée de me retrouver témoin de désespoirs inimaginables ?

À l'infirmerie, devenue pour beaucoup un refuge, j'ai tout entendu.

Cet endroit était ma bulle, spacieuse avec une grande salle d'attente claire, des tableaux aux murs et toujours des bonbons et des gâteaux.

Entre les visites médicales et les maux de tous genres, j'ai essayé de prendre du recul face au chaos médiatique.

Ce matin, je replonge dans ce même chaos. Les protagonistes sont toujours les mêmes trois ans après.

Et ma voix n'est plus la bienvenue.

Que chacun se rassure, je n'ai pas la prétention d'être le porte-parole de qui que ce soit, d'être *la* voix des P'tits Lus, mais juste une voix qui témoigne.

Mon récit vise à démontrer qu'un groupe coté en Bourse peut en toute impunité détruire des vies entières, dans la plus parfaite indifférence de la majorité des hommes politiques que nous avons élus.

Ce même groupe continue à réaliser ses bénéfices dans le monde entier sans une once de culpabilité.

Il a désormais trouvé sa place dans la noria des multinationales qui participent chaque jour à augmenter la fracture sociale et produire de l'injustice. Le social se cuisine décidément à toutes les sauces : plan social, fracture sociale, direction des ressources humaines et sociales, assistante sociale, et socialisme.

Je ne me retrouve plus dans ce monde socialement (in)correct.

Aujourd'hui je fais le rêve, pourquoi pas, que des dirigeants comprennent et acceptent ma démarche dans ce témoignage. Même un seul, un seul patron, qui lise et se dise : « J'avais l'intention de licencier, de ne pas prévenir les gens, de me passer des services sociaux... Eh bien non, je vais changer de manière de faire. »

Un jour, dans pareille situation, un groupe de travail réunira peut-être ouvriers, représentants du personnel et patrons autour d'une table, sans s'agresser, pour réfléchir : « Voilà, ensemble, on est obligés de fermer l'entreprise, comment fait-on ? »

Je persiste à croire qu'il est possible de définir collectivement une ligne directrice qui limite les dégâts. Peut-être suis-je utopique.

Chapitre III

On s'est perdus de vue et on s'est reconnus

Après la décision de la cour d'appel du 8 septembre, Me Brun, l'avocat des P'tits Lus, a saisi la Cour de cassation.

Elle seule peut maintenant statuer sur la légitimité des motifs économiques de la restructuration. Mais sa décision ne devrait pas être rendue avant plusieurs années.

Pour l'heure, en cet automne 2004, Danone compte en finir avec l'occupation du site d'Evry. Depuis plusieurs semaines en effet, une vingtaine d'anciens salariés et de représentants syndicaux bloquent l'entrée de l'usine. Objectif : empêcher les camions envoyés par LU de déménager les machines.

La direction n'a pas caché son intention de transférer les équipements vers d'autres sites en France ; il s'agit d'optimiser l'outil de production ou de remplacer du matériel obsolète. Pour les P'tits Lus, le maintien de leurs fours ou de leurs emballeuses est un baroud d'honneur. Et il n'est pas rare de voir les derniers irréductibles improviser une partie de pétanque sous le nez des chauffeurs de camions immobilisés.

Les ex-salariés entrés en résistance il y a plus de trois ans refusent toujours la fermeture. Une cinquantaine d'entre eux, qui n'ont pas été reclassés, veulent maintenant entraîner LU devant les prud'-hommes, pour obtenir des indemnités.

Début décembre 2004, le tribunal des référés d'Evry ordonne le déblocage des machines. Quelques jours plus tard, au petit matin, la direction de LU-France se fait appuyer par plusieurs cars de CRS pour commencer le déménagement.

Danone vient de remporter une nouvelle bataille. Danone peut poursuivre ses ambitions, et Franck Riboud faire valoir le fameux « double projet » social et économique, initié en 1972 par son père Antoine Riboud lors d'un discours devant les patrons du CNPF.

Depuis toujours, le fils revendique sa fidélité à la culture paternelle. Mais il entend aussi s'adapter aux lois du marché : « Quand on ferme une usine, il y a une grande brutalité pour les salariés, qui sont attachés à leur outil de travail, c'est indéniable. Mais, croyez-moi, la brutalité est bien pire encore quand on fait faillite et qu'il n'y a aucune solution de reclassement. »

Propos tenus courant 2004 à Lyon, sa ville

natale, devant les étudiants de l'École de management. Le patron de Danone définit ainsi clairement son ambition : « Être la société agroalimentaire qui a la plus grande réactivité, la plus grande flexibilité, le meilleur jeu de jambes. »

Et de conclure : « Danone est la femme la plus sexy de l'agroalimentaire. »

Il n'est pas sûr que les ex-salariés de LU soient sensibles à cet humour.

Tremplin, le journal interne de l'entreprise que nous continuons à recevoir, nous apprend qu'au terme de l'activité du REM en juin 2004, deux cent dix-huit salariés sur quatre cent trente-cinq ont été reclassés, dont cent dix dans d'autres usines du groupe.

Que deviennent-ils ? Se sont-ils adaptés à leur nouvelle vie ? Et qu'est-il advenu du reste de la troupe, des « projets personnels » et pointeurs aux Assedic ?

Les chiffres des reclassements et des situations résolues publiés par le groupe Danone et ceux diffusés par les organisations syndicales diffèrent nettement. Un peu comme dans les manifestations, entre les chiffres de la police et ceux des organisateurs, chacun des protagonistes voulant sortir vainqueur.

Ça ne colle jamais, et la vérité est souvent entre les deux.

Il n'existe toujours aucun registre précis, qui ferait le point très concrètement sur la situation de chacun des quatre cent trente-cinq ex-salariés de l'usine LU d'Evry. C'est d'ailleurs ce que prônent les syndicats encore engagés dans la lutte ; à plusieurs reprises, lors des comités d'entreprise de ces derniers mois, ils ont ainsi demandé un audit, qui serait réalisé par une société extérieure et neutre. La pratique est courante en France, de nombreux organismes spécialisés peuvent assurer une telle expertise. Il suffit que la direction de LU-Danone accepte.

Mais il ne faut pas être devin pour comprendre combien un tel chantier est délicat à entreprendre pour nos ex-patrons. Car si par hasard les chiffres obtenus par l'audit ne correspondaient pas à ceux qu'ils communiquent... Finie la belle image !

J'ai en outre toujours été choquée par l'utilisation du terme de « prime de licenciement ». Pourquoi ne pas dire « indemnité de licenciement » ? Une prime est une somme d'argent versée à titre d'encouragement.

Une indemnité est versée à titre compensatoire.

Le sens de chaque mot compte en pareilles situations. Les subtilités de la langue ont un impact auprès du grand public et les patrons s'en servent pour, insidieusement, faire passer des idées fausses.

Mercredi 7 février 2005

De temps à autre, je croise un « ancien ». Comme ce matin au supermarché près de chez moi. J'entends une voix masculine m'interpeller : « Mais c'est mon infirmière ! »

Je m'arrête avec mon chariot dans un rayon de produits alimentaires. Embrassades. Je n'avais jamais embrassé ce gars auparavant, à l'usine.

Nous avons discuté comme d'anciens combattants qui se racontent leur guerre. Le supermarché n'existait plus et nous étions seuls au monde au beau milieu de cette allée.

Spontanément, il m'a parlé de ses projets, de son intention de changer de région, de son potager... et de sa femme, qui, quelque part dans un autre rayon, continuait les courses.

Alors moi aussi je lui ai raconté un peu de ma vie après LU ; je l'ai fait naturellement, alors que dans l'usine, j'évitais toujours d'évoquer ma vie privée.

Notre conversation a duré plus d'un quart d'heure dans ce supermarché, c'était surprenant, un peu irréel. Nous avions juste envie l'un et l'autre de partager nos souvenirs d'usine. Cette grande bâtisse qui avait façonné notre vie.

Les mois passant, chacun fait son chemin, mais un lien très fort nous unit toutes et tous. Nous avons vécu les mêmes déchirements et partageons ce sentiment étrange d'appartenir encore à un groupe, mais un groupe à part.

Je suis, quant à moi, sur le chemin de la guérison. Mais combien de mes camarades ne s'en remettrons jamais ?

On ne peut pas oublier.

On ne peut pas s'oublier non plus.

Alors, après cette rencontre surprise au supermarché, j'ai eu envie de retrouver quelques-uns des « anciens », de savoir de quoi était faite leur nouvelle vie.

J'ai parcouru les annuaires, surfé sur Internet, joué du téléphone arabe. J'ai retrouvé Caroline et Bertrand, qui m'ont raconté leurs parcours et ont accepté que je les rapporte ici. Au nom de tous les anciens collègues dont nous n'aurons sans doute jamais de nouvelles.

Caroline, cinquante-trois ans, dont vingt-trois à l'usine LU d'Evry, reclassée à La Haye-Fouassière (Nantes). Mail envoyé en février 2005.

« L'annonce du plan social m'a mise KO. Pourquoi cette usine, l'une des plus belles et des plus performantes ? Je n'ai rien compris.

Au début, j'ai été de toutes les manifestations, tu vois Monique, j'ai fait à cinquante ans mes premières manifs !

Très vite j'ai senti que c'était perdu, alors pendant de nombreux mois j'ai cherché ce que j'allais bien pouvoir faire. Je voulais rester sur Paris, auprès de mon fils, de mes amis. Je suis divorcée.

J'ai été candidate pour un reclassement au centre de recherche Vitapole à Saclay, mais on m'a dit qu'aucun poste ne me correspondait. Finalement, après y avoir été un peu poussée, j'ai accepté une mutation à La Haye-Fouassière, dans la région nantaise.

L'usine d'Evry et moi, c'était une longue histoire, heureuse.

J'y suis arrivée à l'âge de vingt-cinq ans, comme intérimaire. Par la suite j'ai été embauchée, je suis devenue chef d'équipe puis contremaîtresse ; j'encadrais une centaine d'ouvriers. J'ai aussi été responsable d'équipes de nuit, des hommes d'abord, avant que les femmes n'y soient intégrées.

L'annonce de la fermeture a été pour moi un choc terrible, et malgré tout ce qu'on a pu dire sur les qualités de leur plan social, moi je ne me suis jamais bien sentie au REM.

Son équipe n'avait qu'un but : muter ou obtenir la signature du maximum de salariés avant juin 2004, la date butoir. Ils n'ont jamais tenu compte de nos vraies envies ; c'était un clan, il fallait être la copine d'untel pour obtenir ce qu'on voulait, ou bien être un cas social !

Je me suis vraiment sentie poussée dehors.

Lorsque j'ai quitté l'usine, j'ai ressenti un grand vide et j'ai eu l'impression d'abandonner mes amis. On a partagé un dernier repas entre collègues, ils m'ont invitée au restaurant, offert des fleurs, du parfum. J'étais si émue !

J'ai pleuré en refermant la porte de mon appartement que j'avais acheté six ans auparavant pour le reste de ma vie et qu'il m'a fallu vendre.

Je suis partie le 21 décembre 2002, seule. Je laissais derrière moi, à quatre cents kilomètres, mes amis, ma famille. Et l'ami que j'avais à l'époque. Peu après nous nous sommes séparés.

Sur la route, je me demandais vraiment ce que je venais faire à Nantes.

Les fêtes de Noël sont passées, j'ai eu huit jours de vacances pour m'installer ; pluie et grisaille m'attendaient tous les jours mais heureusement mon fils est venu quelque temps. C'est lui qui m'a décidée à acheter un ordinateur pour pouvoir discuter à distance avec mes amis et me changer les idées.

Puis j'ai commencé mon nouveau travail, le 6 janvier 2003, dans un laboratoire du service qualité. Je débarquais dans une usine chamboulée par l'arrivée de deux cent cinquante nouveaux salariés comme moi et l'ouverture de plusieurs lignes de production. Malgré d'énormes problèmes d'organisation, qui ne facilitaient pas l'intégration, j'ai été bien accueillie par mes collègues ; à eux seuls aujourd'hui je peux dire merci.

J'ai retrouvé une ancienne collègue d'Evry, déjà là depuis six mois ; nous habitions le même immeuble, nous nous sommes entraidées. Plus tard, elle a quitté Nantes, elle ne s'est jamais adaptée, on l'a licenciée.

Dans ma vie personnelle, j'ai rencontré un homme avec qui je suis restée plus d'un an. Nous

nous voyions durant les week-ends, les vacances. C'est un bon souvenir et cela m'a permis de ne pas voir le temps passer. Malgré tout, ma vie d'avant, mes copines, mon fils, me manquaient beaucoup.

Le hasard a voulu que peu de temps après mon arrivée je sois cambriolée. Mon appartement, mes bijoux, des souvenirs personnels, puis ma voiture.

À partir de là, j'ai commencé à souffrir de maux étranges : mal partout des pieds à la tête et immense fatigue. J'y ai d'abord vu des signes de dépression, compte tenu de ce que je venais de vivre ! Mais j'avais des doutes car je ne suis pas de nature dépressive.

Début 2004, j'ai donc été dirigée vers un rhumatologue qui a diagnostiqué une fibromyalgie, une maladie musculaire, confirmée par des examens à l'hôpital en juillet dernier. Maladie sûrement déclenchée m'a-t-on dit par un choc, une très forte émotion. Facile de faire le rapprochement avec la fermeture de l'usine et mon départ de Paris.

Depuis l'été dernier, je suis sous calmants en permanence et sans espoir de guérison. Je suis reconnue comme handicapée par la Cotorep [1]. J'ai bien évidemment averti la direction de ma maladie, qui m'empêche de travailler correctement ; les

1. Commission technique d'orientation et de reclassement professionnel.

douleurs et la fatigue m'obligent à des arrêts de travail fréquents.

En octobre, le responsable des relations humaines m'a donc convoquée pour me proposer un licenciement. Il me fallait calculer ce dont j'avais besoin pour vivre jusqu'à ma retraite, à soixante ans. La somme que l'on m'a proposée ne couvrait pas cette période. J'ai refusé. Après tout, je ne demandais pas à partir !

Puis plus rien jusqu'à ce début d'année 2005 où j'ai relevé sur le site Internet de Danone que je consulte de temps à autre trois postes qui me conviendraient bien, à Vitapole ! J'ai tout de suite postulé et été reçue par mon chef de service, une jeune femme attentive qui a bien senti mon envie de revenir dans ma région d'origine.

Quelques jours plus tard, j'ai été à nouveau convoquée chez le RH. Il m'a bien fait comprendre qu'il ne souhaitait pas me muter et m'a de nouveau proposé de me licencier en doublant la somme de départ.

J'ai la nette impression qu'ils n'ont qu'une hâte, se débarrasser de moi. Je saisis bien pourquoi : bientôt cinquante-quatre ans, malade et déléguée du personnel !

Actuellement, je réfléchis donc à leur proposition. Encore un nouveau départ, un nouveau changement, il faut que je trouve quoi faire, où vivre.

Il me sera difficile de retrouver un emploi, à cause de mon état de santé et parce que je n'ai pas de diplômes, juste le BEPC. J'étais partie pour travailler toute ma vie à Evry. Je n'ai jamais eu de formation particulière.

Si j'accepte le licenciement, j'aurai droit à trois ans de chômage. Après, il me restera encore trois ans avant la retraite. L'indemnité sera-t-elle suffisante pour vivre pendant ces années-là ? Je dois faire mes calculs.

J'éprouve un sentiment de gâchis, je ne me suis jamais sentie chez moi ici. Je vis cette mutation comme un échec.

Je ne comprendrai jamais pourquoi notre magnifique usine a été sacrifiée.

Je pense qu'il est important de témoigner. De ne pas laisser croire que les choses ont été idylliques, de dire que longtemps après les dégâts humains sont importants. [...] »

Bertrand, cinquante-huit ans, dont vingt-neuf ans à l'usine d'Evry, en « mesure d'âge ».

« À mon arrivée en 1975, l'usine s'appelait encore Belin, c'était l'une des plus belles et des plus modernes d'Europe.

Je n'habitais pas très loin et je me disais que tomber dans une usine neuve avec de tels équipements de fabrication, c'était vraiment une chance. Recruté en tant qu'agent de maîtrise, je suis par la suite devenu cadre en maintenance.

L'environnement de travail était accueillant même s'il restait une bonne dose de paternalisme. Pour l'époque, il y avait déjà beaucoup d'avantages sociaux : treize mois de salaire, des fêtes... de Noël, des pères, des mères. Un vrai confort de vie professionnelle.

Dans l'entreprise d'où je venais, il n'y avait par exemple ni savon ni serviette dans les sanitaires !

Evry faisait figure d'usine de luxe.

Mais nous faisions gagner beaucoup d'argent à nos patrons. Chacun y trouvait donc son compte.

Le 10 janvier 2001 fut pour moi un choc sans précédent et j'ai dû lire trois fois l'article du *Monde* pour le croire. Pas de doute, c'était bien de nous dont il était question.

Par pudeur, je n'ai pas envie de revenir sur ce que j'ai ressenti au fond de moi. Les hauts et les bas. Surtout les bas.

J'ai juste envie de dire que notre très grande solidarité m'a aidé à relativiser un peu, à ne pas me replier sur moi-même et à être réceptif à la misère des autres.

Les premiers jours j'ai suivi la grève. Après, plus.

Jusque-là, je n'avais fait grève qu'une seule fois dans ma vie, au début de ma carrière. Et j'avais juré que jamais plus on ne m'y reprendrait. L'intérêt collectif et les beaux idéaux du départ disparaissent toujours très vite, au profit des impératifs personnels. Le souci du « chacun pour soi » reprend le dessus, c'est humain. Après, c'est les syndicats qui récupèrent.

Lorsque j'ai manifesté à Paris, devant le siège de

LU, ça n'était pas pour suivre un mot d'ordre syndical mais pour dire mon mécontentement.

Les claques se sont succédé :

— Annonce par la presse du projet de fermer l'usine.

— "Lâchage" des cadres opérationnels par les cadres supérieurs, peu de temps après les premières manifestations. Cette fracture m'a profondément blessé. Moi, j'étais un homme de terrain et je considérais que mon rôle était de vivre la restructuration aux côtés des ouvriers. Les cadres supérieurs, eux, n'avaient pas la même perception ou sensibilité. La dimension humaine des rapports hiérarchiques leur fait peur, ils ne savent pas communiquer avec les ouvriers.

— Annonce de la fermeture anticipée.

Nous nous sommes donc autogérés et nous avons continué de faire tourner notre fonds de commerce. Il était important de rester actifs pour éviter de sombrer dans la déprime.

Cela nous a encore rapprochés.

À la première présentation de l'équipe du REM, nous avons eu droit à deux heures de "brosse à reluire" sur eux-mêmes et sur l'expérience de leur cabinet, Algoé.

Le responsable a ensuite annoncé les mesures pour les personnes de plus de cinquante-cinq ans : Fonds national pour l'emploi (FNE) et Allocation chômeur âgé (ACA).

Je me suis alors permis de demander à ce spécialiste ses sources car, à la date de sa présentation, le FNE et l'ACA étaient déjà officiellement supprimés en France depuis un an !

Malgré mon intervention, les réunions suivantes se sont déroulées de la même manière.

Ces âneries ont été répétées et je suis à nouveau intervenu pour tenter de rétablir la vérité.

Fallait-il y voir une volonté de tromper les gens ou une preuve manifeste de leur incompétence ?

Je ne le saurai jamais mais, dans un cas comme dans l'autre, je trouve cela gravissime.

Quoi qu'il en soit, ces réunions n'ont fait qu'alimenter notre méfiance.

Les gens étaient suffisamment désemparés pour qu'on ne leur impose pas ces inepties supplémentaires.

Le plan social n'a comporté que des mesures d'âges qui en réalité étaient des licenciements (avec primes variables selon les règles définies).

Concrètement, les gens qui, comme moi, avaient cinquante-cinq ans et plus, se sont vus proposer une indemnité de départ ; ils étaient ensuite inscrits au chômage jusqu'à l'âge de la retraite.

La somme d'argent que nous a versée l'entreprise est certes conséquente, il n'en demeure pas moins que la disposition est choquante.

Cette mesure d'âge est une façade sociale. Dans les faits, c'est le régime des Assedic qui nous prend en charge. LU se défausse ainsi sur la collectivité.

Les Assedic, c'est les impôts de tout le monde, de l'argent public.

Au début, j'ai ressenti de l'humiliation à être ainsi jeté et en quelque sorte remis entre d'autres mains. Aujourd'hui, je considère, comme bien d'autres, que c'est une tromperie. Purement et simplement, dissimulée sous une bannière sociale !

La normalité aurait été que LU propose des préretraites et donc nous prenne en charge jusqu'à la retraite à taux plein.

C'est ce que font d'autres patrons qui licencient et signent avec les partenaires sociaux un accord en bonne et due forme. De *vraies* préretraites, cofinancées par l'entreprise et une assurance privée. Je me suis bien documenté sur la question, des "contrats maison" comme cela, il s'en décide tous les jours.

Dans le cas du plan social de l'usine d'Evry, il n'y a eu aucune transparence et la plupart des gens concernés n'ont pas saisi le petit jeu de sémantique.

Ainsi, dans les documents officiels communiqués par Danone, on comptabilise cinquante-deux seniors ayant bénéficié de mesures d'accompagnement. Il serait plus exact de parler de cinquante-deux personnes inscrites aux Assedic, cinquante-deux chômeurs !

Je ne comprends pas que l'État puisse ainsi laisser une entreprise, qui de surcroît réalise des bénéfices, licencier massivement en faisant supporter à la société le poids d'une partie de ses salariés.

Et s'il fallait encore une preuve du sentiment d'impunité qui habite les patrons, il y a cette anecdote. Au cours d'un comité central d'entreprise de LU-France, en juin 2004, la question des mesures d'âge est de nouveau débattue, à la demande de syndicalistes.

À la question "pourquoi ce dispositif plutôt que des préretraites ?", le secrétaire général de Danone, Jean-René Buisson, aurait répondu aux représentants du personnel que son entreprise avait bien assez cotisé depuis des années et qu'il fallait en quelque sorte maintenant un retour sur investissement.

Plusieurs personnes ont été témoins de cet aveu. Et lorsqu'on m'a rapporté la scène, j'ai été écœuré.

Je ne sais pas si cela s'appelle du franc-parler ou du cynisme.

Plus tard, j'ai appris qu'à l'occasion d'autres départs de l'entreprise, la direction avait cette fois proposé des préretraites. Mais il s'agissait de licenciements au siège de Danone.

La rumeur a même couru que M. Buisson en avait personnellement bénéficié lors de son départ en juin 2004.

Je ne saurai jamais si ce dernier détail est vrai. Mais la différence de traitement entre les salariés de l'usine et les personnels du siège m'incite à penser que si tous les hommes sont égaux, certains décidément sont moins bien lotis que d'autres !

En avril 2003, juste avant mon départ d'Evry, j'ai "rangé" mon secteur de travail pour laisser la place nette tout en restituant à ma direction les documents d'inventaires souhaités.

À ce moment-là, j'ai pris conscience que je venais de détruire plus de vingt ans de travaux, bref et cruel travelling arrière.

En même temps, cela m'a aidé à regarder vers l'avenir et à faire le deuil de mon emploi.

Aujourd'hui, lorsqu'on utilise pudiquement l'expression cadre en préretraite pour parler de moi, je corrige. Je suis chômeur. [...] »

Je me doutais qu'avec le temps, à force de remuer les choses, j'aurais des surprises. Et celle qui m'attendait dans ma boîte mail ce soir d'octobre 2004 était de taille.

Des nouvelles de notre ancien directeur, celui qui avait promis d'aller jusqu'à la fermeture de l'usine avec nous et qui a été muté avant cette date.

Curieuse d'avoir le point de vue d'un membre de la direction sur ce que nous avions vécu, je lui avais envoyé un mail, comme on jette une bouteille à la mer, prenant de ses nouvelles, lui donnant brièvement des miennes.

J'obtins une réponse immédiate et surprenante. Un courrier électronique que j'ai relu à plusieurs reprises et qui en dit long sur le système, la machine à broyer, sans distinction d'âge, de sexe, ou de poste.

« Monique,

Bonsoir et merci pour ton gentil mot.

Je ne suis plus chez LU depuis le mois de septembre 2004. Maintenant je suis Monsieur Tout-le-monde, ce qui me va bien.

J'ai quitté la maison avec discrétion, eu égard à tous ceux qui aujourd'hui sont encore en difficulté. Cela ne m'a pas empêché d'aller à l'usine discuter avec ceux qui s'y trouvaient le lendemain du dernier procès perdu. Une majorité d'entre eux avait admis que le combat collectif touchait à sa fin.

Je suis maintenant occupé à constituer mon dossier Assedic, et profite un peu de mon temps. Au programme : aquarelles, guitare, ordinateur et le reste, sans oublier quelques jobs que j'ai conservés, comme la présidence d'un conseil d'administration d'une école d'ingénieurs en agroalimentaire.

Bien sûr, je croise lors de mes balades des gens de l'usine, et à ce jour encore personne ne comprend. Mais à vrai dire, y a-t-il quelque chose à comprendre ?

Pour moi, ce fut une profonde blessure, tous ces gens malheureux. Je n'oublierai pas.

Mais il faut maintenant se tourner vers l'avenir et penser à autre chose, ce que tu fais j'espère.

Te connaissant, je suppose que tu es encore très active et engagée. [...] »

Ce mail m'a beaucoup touchée. Il était donc sur le carreau lui aussi, et je décelais derrière la pudeur de ses mots une grande souffrance.

J'avais envie qu'il me raconte, qu'il m'explique plus encore.

Je l'ai appelé, il avait l'air content, mais un peu gêné. Je lui ai proposé de boire un café ensemble et appris que j'écrivais un livre, en reprenant ce journal dont je lui avais parlé un jour. Oui bien sûr, il serait ravi de me revoir, mais pas là, pas maintenant... beaucoup de choses à faire... des travaux à la maison... profiter du temps libre pour aller voir les enfants... plus tard si je voulais.

Nous étions en novembre et il me donnait un rendez-vous en mars ! Pour boire un petit café.

Je n'ai pas voulu insister. On est convenus de se rappeler.

Lui aussi n'a finalement été qu'un des maillons de cette histoire.

Aujourd'hui il doit avoir cinquante-sept ans, il est en « mesure d'âge ».

Ce n'est pourtant pas le genre d'homme qui pensait finir sa carrière aux Assedic !

Je n'aurai sans doute jamais de réponse aux trois questions que je voulais lui poser : s'il admet la fermeture, si elle était indispensable, et s'il était au courant, avant l'article du *Monde*.

Notre directeur a dû vivre cette affaire aussi mal que nous. Il devait être sincère lorsqu'il affirmait n'avoir eu aucune information. C'est certainement la raison pour laquelle il a réagi avec ses tripes : « Rassurez-vous, Danone ne va pas vous lâcher. Je reste avec vous, je ne partirai pas sans vous. »

Puis ses supérieurs ont dû lui demander de ne plus parler. En réunion d'encadrement, il répondait toujours la même chose à nos questions : « J'ai des consignes, je ne peux pas vous répondre tant que le plan social n'est pas arrêté. »

Nous, à cette époque, on lui en a voulu bien sûr, parce qu'il représentait quand même la direction.

Lors de notre conversation téléphonique, j'ai senti à plusieurs reprises qu'il lui était à la fois difficile de retenir ses émotions et impossible de les exprimer. Comme s'il craignait de se laisser submerger par la nostalgie du temps d'avant.

Avant, il jouait de la guitare lors des rencontres interusines, comme le marathon du Médoc. Il avait fait repeindre l'usine et eu l'idée géniale de demander aux enfants du personnel de dédicacer les grands murs blancs en y dessinant les métiers.

À son arrivée, il avait fait pousser des rosiers partout dans les parterres autour de l'usine et même organisé une cérémonie pour planter un arbre ; nous, on le trouvait un brin original, mais humain.

Il ne ressemblait pas à la caricature du patron. Il me semble d'ailleurs que ses parents étaient ouvriers et que lui avait fait des études d'ingénieur.

On n'a jamais trop su pourquoi il était parti, début 2003. Il avait toujours dit qu'il partirait avec les derniers. On avait supposé que la direction n'aimait pas sa façon de manager ; je pense qu'il était également très impliqué au niveau affectif.

Il ne parvenait pas à nous avouer qu'on perdait notre emploi.

On a senti qu'il allait nous quitter quand est apparu aux réunions, durant l'hiver 2003, un envoyé du groupe Danone qui le coachait. Cet homme, qui ne s'est pas présenté, a pris peu à peu la parole à la place de notre directeur, que l'on sentait parfois embarrassé.

Puis un matin, il a annoncé que Danone le mutait ailleurs, à sa demande. Il a atterri au siège, à Athis-Mons, et nous n'avons plus eu de nouvelles de lui.

Jusqu'à ce mail.

Chapitre IV

Écrire

Tandis que j'achève la rédaction de ce livre, je reçois une carte postale de Monique. Postée de sa Bretagne natale où elle est partie « respirer l'iode » quelques jours, se reposer aussi. Les derniers mois ont été éprouvants.

Verso, elle me dit se ressourcer et penser à notre projet. Elle m'assure aussi que « les idées seront là au retour, tu verras ».

Recto, elle a choisi une photo pleine de couleurs, du bleu, du rouge, du jaune. Il y a là des proues de bateaux de pêcheurs paisiblement alignées au port. Chacun d'entre eux porte un nom : Amitié, Intégrité, Fraternité, Solidarité.

L'image me fait sourire, je commence à connaître ma partenaire.

Toujours soucieuse de me faire un petit signe encourageant et amical, elle conclut sa carte ainsi : « Regarde bien les bateaux... Les valeurs qu'ils représentent sont à quai ! »

Février 2005

J'étais infirmière de la santé au travail.

Je ne peux plus garder pour moi ce dont j'ai été témoin. Cela pourrait me rendre malade encore. La nuit, je repense à mes collègues, à Nadia, à Marie, à André, à Bertrand.

Je suis fatiguée, on ne devrait pas être fatigué quand on a passé sa vie à exercer un métier qu'on adore.

Avec chacun de mes patients, c'était comme si je montais dans un bateau. Je rentrais dans son histoire, on faisait un bout de chemin ensemble. J'utilisais ma technique à moi ; pas de temps perdu à se déshabiller, se peser, on faisait tout en même temps, en se parlant. Comment faire autrement d'ailleurs ? Comment faire le maximum de choses en un minimum de temps, sans que les gens soient frustrés ? Tant de personnes à suivre et réconforter chaque jour, et de plus en plus aux périodes critiques de cette histoire. Comment être sûre d'avoir écouté et entendu chacun ? Je passais de l'un à l'autre en un instant, essayant d'offrir la même disponibilité à tous. J'avais si peu de temps pour souffler.

Quelques instants à quai, avant de remonter dans un autre bateau.

Aujourd'hui j'ai compris. J'ai l'explication de tout ce que j'ai lu et entendu depuis des mois dans les médias. L'explication de ces douleurs qu'il me fallait soulager dans le secret de mon infirmerie.

Un système de destruction des gens au travail est en marche.

Au quotidien, sur le terrain, je ne peux plus rien faire pour combattre ou gripper ce système diabolique. Alors ma nouvelle arme, ce sont les mots.

Et pas des grandes théories, pas des récits romancés, la vraie histoire de mes camarades P'tits Lus.

Ces dernières années, la colère est peu à peu montée en moi. Je me sens presque coupable d'avoir gardé cela tout ce temps. Cela n'aurait-il pas été plus utile de témoigner plus tôt ?

Je suis fatiguée mais je ne suis pas usée, pas amère. J'ai maintenant la rage qui me guide.

La révolte sommeille en moi, et j'éprouve un vrai bien-être à pouvoir l'exprimer.

J'ai presque cinquante-cinq ans. Mais je ne veux pas partir sans dire. Ce serait dommage de se retirer au soleil en ayant tout compris et en se taisant, ce serait se faire complice du système.

Longtemps je n'ai pas parlé de mon travail en rentrant chez moi, à mon mari, mes enfants. Je l'ai un peu évoqué ces derniers mois. Depuis que j'ai réalisé que le travail ou plutôt ses répercussions étaient entrés à mon insu, « par effraction » dans la famille. Après avoir longtemps tiré des verrous pour laisser hors de ma maison le travail malade, j'ouvre à présent toutes les portes.

Je n'écris pas ce livre pour m'épancher ou ressasser ; les vertus thérapeutiques éventuelles, je les ai éprouvées en rédigeant mon journal.

Je l'écris pour le faire lire, à mes enfants, à mes petits-enfants, au cas où ils deviendraient chefs d'entreprise.

Je n'aimerais pas que mon fils, qui finit actuellement son doctorat de physique, se comporte de la sorte à l'égard des gens avec qui il travaille.

C'est une inquiétude dont j'ai souvent fait part à mes deux enfants. Ma fille a aussi travaillé, pendant ses vacances, dans une blanchisserie industrielle : elle s'est promis de ne jamais y retourner. Elle aimerait devenir professeur d'éducation physique et préparer une agrégation.

J'aimerais que les futurs cadres qui liront ce livre se souviennent de notre histoire. Bien sûr, on peut fermer une usine, mais le patron n'a pas à s'octroyer le droit de virer les gens n'importe comment. On n'est pas du bétail, pas des mouchoirs en papier... On ne jette pas les gens ainsi !

Ceux qui nous dirigent savent un tas de choses, ils ont appris les formules mathématiques les plus compliquées, et l'anglais, le latin, le grec, le chinois... Jamais ils n'ont appris la langue de l'ouvrier !

Ils savent gérer une routine, donner des ordres, ça ils le font bien, ce sont de bons chefs d'équipe... Mais gérer une fin, ils ne savent pas. C'est un peu comme une histoire d'amour, il faut savoir la terminer.

Cela me fait penser aux gens en fin de vie ; tu vas à l'hôpital, tu sais que l'autre va mourir, mais lui l'ignore. Et tu ne sais pas quoi lui dire. Il y en a plein, des gens qui ne savent pas, ou qui se voilent la face. M. X est hospitalisé, eh bien je n'ose pas aller le voir, je ne saurais pas quoi lui dire. Mais le type qui est dans son lit, lui, il aimerait bien te voir…

En entreprise, c'est pareil, les patrons ne savent pas quoi dire à leurs salariés. La mort, elle est mal acceptée. Et les moribonds, on cherche à les cacher.

Je me demande souvent si certains dirigeants ont honte de ce qui s'est passé… Je l'espère.

Quant aux hommes politiques, ils ont si souvent tenu tribune au restaurant d'entreprise ! Deux campagnes, les municipales en 2000 et la présidentielle en 2002, ça n'est pas rien.

Ils étaient tous avec nous, et depuis on ne les a plus revus, on ne les a plus entendus !

De toute façon, l'affaire Danone a bien révélé l'incapacité politique à peser sur les choix des patrons. De la « bévue » du candidat Jospin à la victoire bien particulière de Jacques Chirac, des drames comme le nôtre ont d'abord favorisé l'extrême droite. Pour preuve le score de Jean-Marie Le Pen, en tête du premier tour de l'élection présidentielle en avril 2002 à Ris-Orangis, avec 21,11 % des voix.

Voir une partie de l'électorat de gauche voter ainsi, pour marquer sa déception et son rejet de l'économie libérale, ça fait mal.

Et se dire qu'à cinquante-cinq ans tu n'es plus bon à rien dans l'entreprise mais encore bien jeune en politique, cela rend amer !

Mars 2005

Au moment où je trace les dernières lignes de notre histoire, j'apprends par hasard dans une dépêche AFP[1] que deux anciennes ouvrières de chez Levi's à La Bassée dans le Nord travaillent aussi à la rédaction d'un livre.

Comme pour nous, leur site a été brutalement fermé, en 1999, et comme pour nous, les licenciements ont été massifs, cinq cent quarante salariés.

On ne se connaît pas, on vit loin les unes des autres. Mais elles aussi ont pris la plume pour raconter la précarité, les baisses de salaire après les reclassements, la course à la rentabilité qui anime les patrons.

J'apprends également que d'autres femmes, ex-salariées de la même entreprise du Nord, montent en parallèle une pièce de théâtre intitulée *Après coup*.

---

1. Dépêche AFP, 13 décembre 2004.

Ce spectacle, symbole de la résistance des ouvriers à la logique du profit, semble bien marcher dans le Nord.

À Rennes aussi, les anciens ouvriers de ST Microelectronics viennent de publier le récit de leur « vie et mort d'employés [1] ».

Je ne suis pas surprise à ce propos de lire une interview de Me Brun, l'avocat des ST Microelectronics qui continue de contester au nom des P'tits Lus, et jusqu'en Cour de cassation, le motif économique de la restructuration. Lorsque le journaliste de l'AFP qui réalise le reportage l'interroge sur l'utilité réelle des écrits d'ex-salariés, voici ce qu'il répond : « Ces témoignages ont une vertu historique. Ils prendront de la valeur avec les années. On ne pourra pas dire qu'on ne savait pas. »

Je me sens moins seule.

Je n'imaginais pas que mon petit journal des ex(c)-Lus deviendrait un livre. Ou seulement en rêve.

Les dirigeants de Danone nous avaient dit qu'il fallait « croire en ses rêves ».

Ils en avaient même fait leur devise.

Je les ai pris au mot.

1. *ST Microelectronics : chronique d'une délocalisation annoncée*, Thomas Brégardis, Guillaume Prié, Sylvie Séguier, Les Éditions de Juillet, 2004.

Et maintenant ?

Comment concilier la liberté d'entreprendre et les droits des salariés ?

Les juges ne peuvent-ils statuer sur la légitimité des licenciements économiques ?

Les élus de la République, les hommes qui font les lois n'ont-ils aucun droit de regard sur les pratiques des grands patrons ?

Telles sont les questions qui se posent aujourd'hui et alimentent la polémique sur la loi de cohésion sociale. Loi qui vise, entre autres, à anticiper les plans sociaux et lutter contre les licenciements.

Voté le 17 janvier 2002 sous un premier nom de loi de modernisation sociale, le texte a fait depuis cette date l'objet de nombreux débats, aménagements et suspensions d'articles.

Après plusieurs mois de vaines négociations entre les partenaires sociaux, c'est finalement le gouvernement qui a repris la main.

Valse-hésitation du Premier ministre cet automne

2004. Pris sous le double feu des attaques des syndicats et de celles du MEDEF, Jean-Pierre Raffarin ne parvient pas à trancher sur la question du maintien ou pas, dans le projet de loi, de la notion de « sauvegarde de la compétitivité des entreprises ».

Mais au jeu des pressions sur le gouvernement, c'est en définitive le patronat qui l'emporte, tandis que la gauche fustige une « régression de quinze ans de la législation du travail ».

Ainsi, lors du vote de la loi à l'Assemblée nationale au mois de décembre, la majorité ajoute, en dernière minute, un volet assouplissant les procédures de licenciement économique. Plusieurs articles de la loi initiale de 2002 sont abrogés, tandis qu'est enterrée la « jurisprudence Samaritaine », celle qui faisait peser sur les « patrons voyous » la menace d'une condamnation à réintégrer des salariés indûment licenciés ou à leur verser des indemnités conséquentes.

Paradoxe, ou curieux hasard du calendrier, la direction de Michelin est au même moment condamnée par le tribunal des prud'hommes de Soissons qui déclare la procédure de licenciement « illicite ».

Michelin est sommé de réintégrer les quatre cents salariés licenciés par sa filiale Wolber en 1999.

Une décision surprise dans un tel contexte politique, et une vraie victoire pour tous les salariés qui s'estiment victimes de restructurations sauvages.

Comble de l'histoire, les dirigeants de Wolber-Michelin ont reconnu à l'audience de Soissons que le plan social était insuffisant et qu'il n'y avait pas de raison économique à ces licenciements ; avant d'ajouter que l'usine étant démantelée, il était trop tard. Leur cynisme a sans aucun doute joué dans la décision des juges de les condamner.

Une décision de justice immédiatement commentée par Gérard Larcher, le ministre délégué aux Relations du travail, et qualifiée d'« évanescente ».

De quoi faire bondir Me Brun : « Pour qu'une décision de justice ne soit pas évanescente, il faut juste la faire appliquer, et donc permettre la réintégration ! »

Et l'avocat victorieux des salariés de porter l'estocade...

Mercredi 9 février 2005, il demande à la justice la « relocalisation » à Soissons du fabricant de pneus de vélos Wolber. Une première.

L'assignation est à jour fixe, sous peine de trois cent mille euros d'amende par jour de retard pour Michelin, la maison mère.

Le jugement a été mis en délibéré au 23 mars.

Il est évidemment très attendu. Par les salariés et par Michelin bien sûr, mais aussi par le monde politique et les représentants de l'État en Picardie.

Une étude sur les délocalisations, réalisée en juin 2004 au Sénat, a en effet conclu à l'incurie de l'État dans le dossier Michelin.

Le rapport Grignon parle d'une « reconversion inopérante » sur l'ancien site Wolber où n'auraient été créés que deux cent cinquante emplois sur les deux mille promis il y a cinq ans, à la fermeture de l'usine.

Michelin n'a donc pas respecté ses engagements de réindustrialisation et l'État n'a pas tenu son rôle de création et d'impulsion.

Michelin à Soissons, Danone à Evry, Marks et Spencer, Bata, Moulinex, Air Liberté, Alcatel, Valeo... Et encore Electrolux à Reims, qui annonce aujourd'hui deux cent quarante licenciements et sa délocalisation probable en Europe de l'Est.

Un plan social est en cours d'élaboration et cette fois encore les élus locaux se sont émus de la restructuration. L'un d'entre eux, Yves Detraigne, sénateur de la Marne, a même écrit au ministre délégué à l'Industrie pour solliciter son soutien.

Voici ce que Patrick Devedjian lui a répondu le 24 septembre 2004 : « Il apparaît difficile que l'État remette en cause des actions nécessaires à l'adaptation de la société, et qui relèvent, en tout état de cause, de la direction de l'entreprise[1]*. »*

En clair, « l'État ne peut toujours rien », cinq ans après « l'État ne peut pas tout » et un changement de majorité politique.

La boucle est bouclée.

---

1. Courrier de Patrick Devedjian à Yves Detraigne.

Remerciements

À ma famille, pour m'avoir soutenue et supportée durant ces longs mois difficiles.

À mes amis, qui ne m'ont pas lâchée.

À Anne Gintzburger, à qui j'ai accordé toute ma confiance. Qu'elle sache aujourd'hui que mes mots ne seront jamais assez forts pour la remercier.

À Grégory Martin pour avoir cru en ce projet et pour m'avoir encouragée à continuer.

À Arnaud Havard, qui m'a démontré que l'on peut faire une distinction entre l'homme et la fonction qu'il occupe.

À Vincent Cheymol pour sa gentillesse et sa compréhension durant les longs mois passés à travailler ensemble.

Et enfin à Stéphanie Chevrier, sans qui ce livre ne serait pas écrit et publié aujourd'hui. Je lui dois d'avoir su effacer mes doutes et de m'avoir encouragée quand il le fallait.

Monique Laborde

Remerciements

À mes filles chéries, pour leur infinie patience et leur amour.

À mes parents, sans qui depuis trois ans rien n'aurait été possible.

À Stéphanie Chevrier, dont l'amitié et les encouragements m'ont portée sur le long chemin de ce premier livre.

À Monique Laborde, pour sa confiance et la qualité de notre rencontre.

À Virginie Plantard pour sa gentillesse et son aide précieuse.

À Paul Nahon et Bernard Benyamin qui, de mon premier voyage dans la sidérurgie de Lorraine à la rédaction de ce livre, ont été à mes côtés.

Anne Gintzburger

Table

TROISIÈME PARTIE

NOUS SOMMES LES DINDONS D'UNE MAUVAISE FARCE

QUATRIÈME PARTIE

LE COMPTE À REBOURS

CINQUIÈME PARTIE

J'AI FAIT UN RÊVE

Composition et mise en page

NORD COMPO
multimédia

CET OUVRAGE
A ÉTÉ ACHEVÉ D'IMPRIMER
SUR ROTO-PAGE
PAR L'IMPRIMERIE FLOCH
À MAYENNE EN AVRIL 2005

N° d'éd. FF881601. N° d'impr. 62793.
D. L. : avril 2005.
Imprimé en France.